헨젤과 그레텔은 도형이 너무 어려워

초등 1·2학년 수학동화 시리즈 ❷
헨젤과 그레텔은 도형이 너무 어려워(개정판)

4판 2쇄 발행 2025년 8월 28일

글쓴이	고자현
그린이	원혜진
수학놀이	한지연
펴낸이	이경민
펴낸곳	㈜동아엠앤비
출판등록	2014년 3월 28일(제25100-2014-000025호)
주소	(03972) 서울특별시 마포구 월드컵북로 22길 21, 2층
전화	(편집) 02-392-6901 (마케팅) 02-392-6900
팩스	02-392-6902
전자우편	damnb0401@naver.com
SNS	f ⓘ blog

ⓒ 고자현, 원혜진

ISBN 979-11-6363-752-3 (74410)
       979-11-6363-749-3 (세트)

※ 책 가격은 뒤표지에 있습니다.
※ 잘못된 책은 구입한 곳에서 바꿔 드립니다.

도서출판 뭉치는 ㈜동아엠앤비의 어린이 출판 브랜드로, 아이들의 지식을 단단하게 만들어 주고, 아이들의 창의력과 사고력을 키워 주어 우리 자녀들이 융합형 창의 사고 뭉치로 성장할 수 있도록 좋은 책을 만들겠습니다.

추천사

수학이 재미있는 이야기로 꾸며진다면 어떨까요? 매일 동화책을 읽듯이 수학 공부를 하면 참 재미있을 거예요. 사람들은 대부분 '수학' 하면 더하기, 빼기, 곱하기 같은 계산을 떠올리지만, 사실 수학은 우리들의 일상생활 속에서 시작되었어요. 아주 오랜 옛날부터 사람들은 물건을 세거나 계산해야 할 일이 생겨났거든요. 또 내가 기르는 양이 몇 마리인지, 수확한 사과가 몇 개인지 알아보려면 수가 필요했지요. 이렇게 해서 생겨난 것이 수학이랍니다.

수학은 사람들의 호기심에서 시작되었기 때문에 수학에는 많은 이야기가 숨어 있어요. 사실 수학을 빼고 나면 "떡 하나 주면 안 잡아 먹지!"라고 하는 『해님 달님』 동화도 읽을 수 없고, "십 리도 못 가서 발병 난다."고 하는 '아리랑' 노래도 부를 수 없어요. 피라미드의 높이를 잰 것도, 지구의 둘레를 잴 수 있었던 것도 바로 수학이 있었기 때문이지요. 이야기 속에 어떤 수학이 숨어 있나 찾아보는 것도 즐거운 수학 공부가 될 수 있어요.

이야기를 통해 수학을 배우면 배운 내용을 쉽게 그리고 오래 기억할 수 있어요. 지금보다 여러분이 더 어렸을 적 엄마 아빠가 들려준 이야기처럼 말이지요. 이 책을 읽다 보면 가끔은 이해가 되지 않는 부분도 있을 거예요. 하지만 걱정하지 말고 그냥 지나쳐도 괜찮아요. 아직은 배우지 않았지만 곧 학교에서 배우게 될 거니까요. 그때 지금 읽었던 이야기가 여러분 머릿속에 번쩍하며 떠오를 겁니다. 애완견 '와리'와 '이야기 속 주인공'들이 함께하는 재미있는 수학 탐험으로 여러분을 초대합니다.

　그동안 수학이 더하기, 빼기 같은 계산만 있다고 생각하였다면, 이젠 이야기 속 주인공들과 함께 수학이 어디에 쓰이는지, 수학이 왜 필요한지 이야기를 통해 자연스럽게 알게 될 거예요. 이 책을 읽는 어린이 여러분은 '혹부리 영감, 도깨비 방망이'와 동화 속 이야기가 그러하듯이 수학동화 시리즈 속의 이야기를 통해 자유롭게 상상하고 맘껏 즐기길 바랍니다. 수학은 여러분이 생각하는 것보다 훨씬 재미있고 흥미진진합니다. 그러다 보면 어느새 수학은 재미없는 계산 문제가 아니라 호기심 가득한 신 나는 '장난감'이 될 거예요.

서울노일초등학교 교사 김남준

작가의 말

"와리야, 도와 줘!"
"와리야, 같이 가 줄 거지?"
"와리야, 과자의 집으로 와!"

와리는 오늘도 바쁘답니다. 우연히 가게 된 '이상한 학교'가 글쎄, 동화 속 주인공들이 다니는 학교였거든요. 벌거숭이 임금님과 재단사 아저씨, 라푼첼과 백마탄왕자, 아기돼지 삼형제에 헨젤과 그레텔까지!

와리와 동화 속 주인공들은 알고 보면 모두 평범한 친구들이에요. 특별한 능력을 가진 것도 아니고 마법을 부리는 것도 아니지요. 하지만 어려움이 닥칠 때마다 기발하고 엉뚱한 방법으로 문제를 해결해 가요. 바로 도형을 이용해서죠.

주위를 잘 살펴보면 어디에서든 도형을 찾을 수 있어요. 귀찮은 학

습지나 골치 아픈 시험 문제 속에만 도형이 있는 게 아니에요. 세상은 도형으로 이루어졌거든요. 알사탕에도 초콜릿에도 축구공에도 블록에도 모두 도형이 숨어 있어요. 그뿐만 아니라 점이나 선도 모두 도형이니 이쯤 되면 세상 어디서든 도형을 찾을 수 있다는 말을 이해하겠죠?

    와리는 동화 주인공들과 신 나게 어울리면서 초등학교 1~2학년군 수학 교과서에 나오는 선분, 직선, 곡선, 입체도형, 평면도형에 대해 알게 되었대요. 이런 와리의 이야기를 들려주려는 건, 여러분도 수학을 유쾌하고 재밌게 접했으면 하는 바람 때문이에요. 와리와 동화 주인공들이 도형을 이해하고 활용하여 문제를 해결하는 모습을 보면, 여러분도 금세 수학과 친해질 테니까요.

    지금부터 와리와 함께 수학 모험을 떠날 거예요. 어쩌면 여러분에게도 벌어질지 모를 일이랍니다. 자, 준비 되었나요?

동화 작가 **고자현**

엄마를 위한 새 수학 교과서 소개

예전의 수학 교과서는 공식과 문제 풀이 위주의 딱딱한 내용들로 가득 차 있었습니다. 하지만 아이들이 이렇게 수학을 공부하면 금세 흥미를 잃고 배운 내용도 잊어버리고 말지요. 그래서 2012년 1월, 교육과학기술부에서는 수학 교과서의 구성을 스토리텔링으로 바꾸겠다고 발표했습니다.

스토리텔링 수학은 수학 내용과 관련 있는 소재와 상황 등을 동화로 꾸며 쉽고 재미있게 배우는 수학 학습법입니다. 또한 2015 개정 교육과정이 적용된 수학 교과서는 형식은 스토리텔링 수학을, 내용에서는 실생활 연계 통합교과형(STEAM) 수학을 보여주었습니다. 또한 학습 내용을 기존 교과서보다 20%나 줄이고 쉽게 조정하는 대신 다양한 교구를 활용한 활동을 늘렸습니다. 수학을 놀이처럼 즐기면서 자연스럽게 수학 학습을 할 수 있도록 하였습니다.

한편 2022 개정 교육과정에서 초중등 수학의 목표는 '초등과 중등의 연계성 강화'입니다. 이를 위해 교과 영역을 통합하고 과정을 간소화합니다. 즉 크게 수와 연산, 변화와 관계, 도형과 측정, 자료와 가능성 등

4개 영역으로 통합하였습니다.

그렇지만 여전히 단원 시작은 스토리텔링을 통해 학생들의 호기심과 흥미를 유발합니다. 또한 수학 교과서가 검정으로 바뀐 뒤 학교마다 다른 교과서를 사용하지만 학년별로 알아야 할 수학 성취 기준 내용은 공통입니다.

〈초등 1·2학년 수학동화〉 시리즈는 이러한 수학 교육의 변화에 맞춘 학습 동화입니다. 아이들에게 익숙한 명작 동화와 전래 동화 이야기로 학습 내용을 구성하여 자연스럽게 수학 지식을 익히도록 하였습니다. 책 속 부록인 〈개념이 쏙쏙 들어오는 엄마표 수학 놀이〉는 교과서에 첨가된 체험 및 놀이 영역을 반영하여 가정에서 부모님이 아이들과 함께 재미있는 놀이로 책을 통해 배운 내용을 복습할 수 있게 구성되어 있습니다.

전래 동화와 명작 동화 속 주인공들이 펼치는 신 나는 모험 이야기를 따라가다 보면 아이들은 어느새 새로운 수학 개념과 문제 해결 방법을 깨닫게 되는 경험을 하게 될 것입니다.

편집부

명작동화도 함께 읽어 보세요

『벌거숭이 임금님』은 덴마크의 동화작가 안데르센(1805~1875)의 단편작이에요. 옷을 좋아하는 임금님에게 사기꾼이 찾아와 누구보다 아름다운 옷을 만들 수 있는데 그 옷은 어리석은 사람에게는 보이지 않는다고 해요. 임금님과 신하, 다른 사람들은 지혜롭지 못하다고 놀림 받을까 두려워 옷이 보이는 척 칭찬했어요. 그러다 벌거숭이 임금님의 행차 모습을 보던 한 아이가 "임금님이 벌거벗었다!"라고 진실을 말하자 모두 속았다는 걸 알게 돼요.

『라푼첼』은 독일에서 전해지던 이야기로 그림형제가 동화집에 수록했어요. 임신한 아내가 마녀의 정원에 있는 상추(라푼첼)를 먹고 싶어 해, 남편이 훔치다가 들켰어요. 화가 난 마녀는 아기가 태어나자마자 빼앗아 가 라푼첼로 이름 짓고는 높은 탑 꼭대기 방에 가뒀어요. 라푼첼은 혼자 갇혀 살며 외로울 때면 노래를 불렀어요. 숲을 지나던 왕자가 이 노랫소리에 이끌려 라푼첼의 긴 머리카락을 잡고 탑에 올랐고, 둘은 사랑에 빠졌어요. 그런데 그 사실을 마녀가 알게 됐어요. 왕자와 라푼첼은 사랑을 이룰 수 있을까요?

『아기돼지 삼형제』는 영국의 옛이야기로, 조셉 제이콥스가 어린이들이 즐길 수 있게 정리했어요. 아기돼지 삼형제는 엄마랑 살던 집을 떠나 각자 집을 짓기로 해요. 게으르고 놀기 좋아하는 첫째와 둘째 돼지는 각각 볏짚과 나무로 대충 지었지만 막내 돼지는 벽돌을 쌓아 집을 지었어요. 벽돌로 짓는 건 더 힘들고 시간도 오래 걸렸지만 셋째 돼지는 열심히 일했어요. 그런데 사나운 늑대가 아기돼지들을 잡아먹겠다며 입김을 불어 첫째와 둘째의 집을 휙 날려 버렸어요. 하지만 막내 돼지의 튼튼한 벽돌집은 늑대의 입김에도 무사했답니다.

『헨젤과 그레텔』은 그림형제가 엮은 동화로 널리 알려진 독일의 옛이야기예요. 새엄마가 헨젤과 그레텔 남매를 숲 속에 버리려고 해요. 이 사실을 미리 안 헨젤은 조약돌을 주워 와 숲으로 가는 길에 떨어뜨렸어요. 깊은 숲 속에 둘만 남게 된 헨젤과 그레텔은 조약돌을 보고 집으로 돌아왔어요. 다시 버림받자 이번에는 빵조각을 떨어뜨렸지만 새들이 다 쪼아 먹어 길을 찾을 수 없었어요. 우연히 과자로 만든 집을 발견했는데 그건 마녀가 사는 집이었어요. 헨젤과 그레텔은 무사히 집으로 돌아갈 수 있을까요?

이상한 학교 친구들을 소개합니다

시우 요즘 들어 와리 녀석이 수상해. 놀자고 보채지도 않고, 늦게까지 싸돌아다니다가 들어와. 나같이 바쁜 초등학생처럼 군다니까.

와리 친구로 생각했던 시우가 학교에 가면서 멀어지자 서운했지만, 나도 '이상한 학교'에 다니면서 점점 자신감을 되찾았어. 가끔은 시우가 귀찮을 정도야. 이상한 학교에선 신 나는 일이 매일 벌어지거든! 하하하!

재단사 아저씨 지혜로운 사람에게만 보이는 옷이라며 임금님과 신하들을 속였어. 그래도 옷 만드는 데는 소질이 좀 있지. 거짓말은 그만하고 슬슬 솜씨를 부려 볼까?

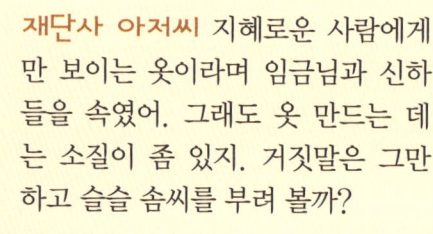

라푼첼 왜 탑에 황금빛 머리카락을 길게 늘어뜨리고 노래를 부르냐고? 그야 외로우니까! 날 가둔 마녀의 손아귀에서 벗어나 행복하게 지낼 방법은 없을까?

백마탄왕자 이상한 학교의 인기남, 공주들의 로망인 내가 진짜 사랑에 빠졌어. 라푼첼, 라푼첼, 당신의 머리카락을 내려 줘요!

벌거숭이 임금님 화려하고 멋진 옷으로 꾸미는 걸 아주 좋아했지. 외모에 자신이 없어서 옷에만 더 집착했나 봐. 그런데 팬티만 입고 돌아다녔다니, 으으, 부끄러워!

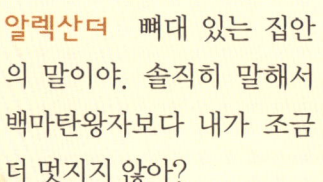

알렉산더 뼈대 있는 집안의 말이야. 솔직히 말해서 백마탄왕자보다 내가 조금 더 멋지지 않아?

일꿀이 얄미운 이꿀이가 저팔계 같다고 놀릴 때마다 부글부글 화가 나. 방만큼은 이꿀이, 삼꿀이보다 화끈하고 멋지게 꾸밀 거야. 형으로서 자존심이 걸린 문제니까!

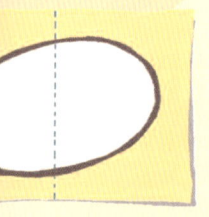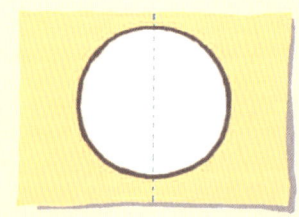

이꿀이 일꿀이 형은 내가 깐족깐족 얄밉게 군대. 형의 잘못을 콕 집어 얘기했을 뿐인데 말야. 누가 뭐래도 가장 멋진 방의 주인공은 바로 나라고.

삼꿀이 형들이 게으름을 피우거나 실수하는 모습이 딱해 보여. 나 혼자만 튼튼한 벽돌집을 지은 것만 봐도 알겠지? 방 꾸미기도 성실하게 해서 꼭 1등을 할 거야. 헤헤.

그레텔 헨젤 오빠와 정말 멋진 곳에 오게 됐어. 맛있는 과자가 엄청 많은 곳! 야호! 뭐든 마음대로 먹을 수 있고, 먹는 것마다 다 달콤하고 맛있어!

헨젤 그레텔은 과자의 집을 보고 꿈에 그리던 곳이라며 좋아했지만 난 왠지 찜찜해. 무서운 음모가 숨어 있는 게 분명해. 여기에서 무사히 빠져나갈 수 있을까?

마녀 깔깔깔깔. 빗자루를 타고 하늘을 날면 기분이 최고야. 내가 아이들을 괴롭힌다고? 오히려 아이들이 날 골탕 먹이는 거라니까!

차례

추천사 4

작가의 말 6

엄마를 위한 새 수학 교과서 소개 8

명작동화 및 등장인물 소개 10

이야기 하나
벌거숭이 임금님의
옷을 대령하라! 18
선분, 직선, 곡선

이야기 둘
라푼첼 구출 대작전 36
여러 가지 입체도형

이야기 셋
아기돼지 삼형제는 만날 싸워! 56
삼각형, 사각형, 원

이야기 넷
과자의 집에서 탈출하라! 82
물체나 무늬에서 규칙 찾기
규칙에 맞게 늘어놓기

● 책 속 부록 ●

개념이 쏙쏙 들어오는 엄마표 수학놀이 104

▶ 홈스쿨링 전문가 중현맘이 추천하는 수학놀이로 개념과 원리를 다져요!

수학놀이 1 선과 선을 이어 왕관을 만들었어요
수학놀이 2 손으로 만져만 봐도 입체도형을 알 수 있어요
수학놀이 3 데굴데굴 굴러가는 공아, 어디까지 가니?
수학놀이 4 동글동글하다고 다 같은 원이 아니야!
수학놀이 5 꼭짓점을 이어 삼각형, 사각형을 그려 볼까?
수학놀이 6 도형의 배열에서 규칙을 찾을 수 있어요

"임금님 납시오! 모두 고개를 숙여 예를 갖추시오!"
 이상한 나라 임금님이 이상한 학교에 행차하였다. 임금님이 옷을 엄청 좋아한다는 소문이 자자했는데 얼마나 멋진 옷으로 치장을 했을지 궁금했다.
 "부웅~."
 웅장한 나팔소리와 함께 근위병들의 호위를 받으며 드디어 임금님이 나타났다. 그런데……!

"세상에! 저게 뭐야? 우헤헤헤헤헤! 우헤헤헤헤헤!"

순간 나는 웃음이 빵 터져 버렸다. 글쎄 팬티 바람에 왕관만 쓴 임금님이 '에헴!' 하고 헛기침을 하며 자랑스럽게 걸어가는 게 아닌가! 게다가 주변의 시종들은 있지도 않은 옷자락을 높이 쳐드는 시늉을 하면서 따라가고 있었다.

"저런 예의 없는 강아지를 봤나! 저 녀석을 썩 끌어내라!"

눈초리가 삐죽 올라간 아저씨가 명령을 하자, 갑옷을 입은 근위병이 나를 거칠게 잡아끌었다.

"놔요! 웃겨서 웃은 건데 왜 잡아가요?"

"우, 웃기긴 뭐가 웃기다는 게냐?"

"아니, 다들 안 보여요? 임금님이 벌거숭이잖아요!"

"에헴! 에헴헴!"

임금님은 내 말에 헛기침을 연발했다. 그리고 시종들을 불러 귓속말로 속삭이자 시종들이 내게 무섭게 쫓아와 나를 임금님 앞으로 끌고 갔다.

"네 눈에는 이 멋진 옷이 보이지 않느냐?"

임금님은 짐짓 근엄하고 자상한 목소리로 물어왔다.

'옷이라고?'

"저 강아지는 어리석어서 이 아름다운 옷을 보지 못하는 게 틀림없습니다. 임금님께서 오늘 입으신 옷은 너무나 눈부십니다. 정말 멋지십니다!"

아까부터 자꾸 이상한 얘기를 하는 임금님과 신하들을 이해할 수 없었다. 팬티를 말하는 건가?

"아! 보여요! 땡땡이무늬 팬티가 아주 잘 보입니다!"

내 말에 임금님 행차를 구경하던 이상한 학교 친구들 중 누군가가 '큭!' 하고 웃었다. 그러자 여기저기서 하나둘씩 웃음을 터뜨렸고, 온통 웃음바다가 되어 버렸다.

"으하하하. 임금님은 벌거숭이야!"

"으하하하! 불룩 튀어나온 저 배 좀 봐!"

"털북숭이 몸은 또 어떻고. 으하하하하!"

임금님의 얼굴이 붉으락푸르락 달아오르더니 금세 두리두리한 배까지 새빨개졌다.

"당장 거짓말쟁이 재단사 녀석을 잡아들여라! 그리고 저 못생긴 강아지도 끌고 와!"

"예! 임금님!"

'임금님이 사는 으리으리한 궁전 놔두고 왜 이런 데로 데려가지?'

근위병들은 나를 끌고 가더니 어두침침한 창고에 던져 넣었다. 재단사 아저씨가 나보다 먼저 붙잡혀 와 있었다.

"재단사, 무슨 이유로 이런 괘씸한 짓을 저질렀느냐? 지혜로운 사람의 눈에만 보이는 옷이라며 임금인 나를 속이다니! 우리나라에서 가장 촉망받는 재단사라 너를 믿었건만……."

임금님은 단단히 화가 난 얼굴이었다.

"제가 미쳤었나 봅니다. 세상에서 가장 멋진 옷을 어찌 만들지 막막해서 그만……. 한 번만 봐주십시오."

"너를 살려 둘 수 없다. 당장 이놈의 목을 쳐라!"

"제발 다시 한 번 기회를 주십시오! 이번엔 정말 거짓 없이, 가장 멋진 옷을 만들겠습니다! 살려만 주신다면 이 은혜는 평생토록 잊지 않겠습니다."

"흠……. 그렇게 간절히 말하니, 한 번 더 기회를 주겠다. 대신, 오늘 밤 동안 입이 떡 벌어질 만큼 멋진 옷을 만들어 놓아라. 그렇지 않으면 내일 아침에 너를 처형하겠다."

"헉!"

"그리고 강아지, 네 이름은 무엇이냐?"

"와리요."

"왈왈할 때 와리? 참 볼품없는 이름이구나. 너는 왜 잡혀왔는지 아느냐?"

"혹시…… 제가 너무 방정맞게 웃어서 화…… 나셨어요?"

"당연하지! 백성들 앞에서 임금을 웃음거리로 만들다니! 네 녀석 때문에 다들 나를 비웃지 않았더냐!"

"그래도 제가 아니었으면 임금님은 아직도 팬티만 걸치고 계셨을걸요?"

"뭣이? 음……, 너의 그런 솔직한 면모 때문에 여기로 데려왔다."

"네? 무슨 뜻인지 모르겠어요……."

"와리 너는 재단사가 옷을 제대로 만드는지 감시하고, 내가 입었을 때 솔직하게 말해 줘야 된다. 내 신하들은 듣기 좋은 말만 하니, 내가 믿을 수 있는 건 너밖에 없다."

"알겠어요. 그렇게만 하면 풀어 주실 거죠?"

"임금은 약속을 어기지 않는다."

사람들이 돌아가고 둘만 남게 되자, 재단사 아저씨는 깊은 한숨을 내쉬었다. 있는 거라고는 빨간색 천과 금색 실, 자와 가위가 전부였다. 화려하고 멋진 옷을 만들기엔 재료가 턱없이 부족했다.

"와리라고 했지? 너도 날 좀 도와라."

"제가요? 저는 옷을 만들어 본 적이 없는데요?"

"나 혼자선 내일 아침까지 못 만들어. 멋진 옷을 만들려면 일손이 더 필요해."

"적당히 만드세요. 제가 막 박수 치면서 멋지다고 말해 줄게요."

"예끼! 또 거짓말을 했다간 너까지 '끽'이야."

"끽? 헉!"

"재료가 별로 없으니 망토를 만드는 게 좋겠다. 거기에 금실로 장식을 하면 멋지겠지? 넌 망토 모양으로 천을 잘라 줘."

아저씨를 돕는 시늉이라도 하려고 돌돌 말린 빨간 천을 착 펼쳤다. 천에는 띄엄띄엄 **점**이 찍혀 있었다.

"망토 모양으로 자르기 쉽게 미리 표시해 둔 거야."

"아, 그럼 점을 보고 자르면 되겠네요?"

"잠깐! 막 자르면 안 되고 내가 부르는 점들을 **선**으로 이어 봐. 우선 점 ㄱ과 점 ㄴ을 잇고, 점 ㄷ은 점 ㄹ과 이어. 그리고 다시

어지도록 선을 그어."

"점들을 다 연결했어요. 이렇게 하는 거 맞죠?"

"아니, 그렇게 구불구불하게 굽은 **곡선** 말고, 곧은 선으로 그려야지."

"다시 해볼게요. 그런데 구불구불하게 굽은 선은 곡선인데, 곧은 선은 이름이 없어요?"

이번엔 자를 대고 곧게 선을 그렸다.

"곧은 선은 선분 또는 직선이라고 해. 두 점을 곧게 이은 선이 **선분**이지. 네가 그은 것처럼 점 ㄱ과 점 ㄴ을 곧게 연결한 선을 '선분 ㄱㄴ' 또는 '선분 ㄴㄱ'이라고 해. 선분은 두 점 사이의 가장 짧은 거리야."

"으응, 선분!"

"그런데 선분 ㄱㄴ을 점을 지나 양쪽으로 끝없이 곧게 늘인다고 생각해 봐. 이렇

게 선분을 양쪽으로 끝없이 늘인 곧은 선은 **직선**이라고 해."

"오호, 직선!"

"점 ㄴ과 점 ㄷ 사이에는 예쁜 곡선을 그려라. 망토의 밑단 부분이니까 모양을 좀 내자꾸나."

"네, 아저씨. 밑단 부분은 물결무늬처럼 구불구불하게, 나머지 점은 선분으로 이어 주고……. 으샤, 다 그렸어요."

"처음 한 것치곤 잘했구나. **도형**만 이용해도 아주 멋진 망토가 만들어지겠어."

"네? 도형이요? 점, 선만 이용했는데요. 도형은 **세모 모양, 네모 모양, 동그라미 모양**……. 그런 게 도형이잖아요. 저도 그 정도는 안다고요!"

"그것도 도형이고, 점과 선도 도형이야."

"정말요? 점을 크게 그려서 그런가? 점은 동그라미 모양인가?"

"뭐라고? 하하하! 점은 크기가 없어. 위치만 나타내. 위치를 나타내는 점들이 무수히 모여서 '선'을 만들지."

그러더니 아저씨는 빨간 천에 아주 촘촘히 바느질을 하고는 이렇게 말했다.

"어떻게 보이냐?"

"실처럼 보여요."

"그렇지? 이제 가까이 와서 자세히 봐라. 어때, 바늘땀이 보이지? 촘촘한 바늘땀들이 모여서 실처럼 보였던 거야. 이처럼 수없이 많은 점들이 모여서 선을 만든단다."

내가 그린 망토의 본에 아저씨가 금실로 바느질을 했다. 복잡하고 화려한 무늬로 수도 놓고, 위쪽에는 목에 묶을 수 있는 끈도 달았다. 재단사 아저씨의 손놀림은 눈에 보이지 않을 정도로 빨랐지만 시간도 휙휙 지나가는 듯했다.

"아저씨, 곧 해가 뜰 것 같아요."

"휴…… 드디어 망토가 완성됐다! 임금님이 곧 오실 텐데. 어떠냐? 멋져 보이냐?"

"흠…… 글쎄요……."

떨떠름한 내 대답에 재단사아저씨가 마른 침을 꼴깍 삼켰다.

"새로 만든 옷을 가져오너라!"

재단사 아저씨는 밤을 꼬박 새워 만든 옷을 임금님께 가져다드렸다.

"빨간 망토로군."

"예. 있는 재료들로 정성껏 만들어 보았습니다요."

임금님은 망토를 걸치고 거울에 이리저리 비쳐 보았다.

"여보게, 자네들이 보기에 이 옷이 어떤가?"

"그게 말입니다……. 저……."

신하들은 우물쭈물하며 대답을 피했다.

"모두 와리의 눈치를 살피는 게로군. 그래, 와리 네 생각은 어떻느냐?"

"음……."

"별로이냐?"

"글쎄요……."

내가 망설이는 동안, 재단사 아저씨의 눈빛이 파르르 떨리는 것 같았다.

"세상에서 가장 아름다운 빨간 망토예요."

"그런데 왜 그리 뜸을 들였는고?"

"제 눈에는 아름다운 옷이지만, 결국에는 임금님 마음에 들어야 하는 것 아닌가요? 아무리 멋진 옷이라도 입는 사람의 마음에 안 들면 그건 꽝인 거죠."

"그, 그렇지."

"팬티만 입은 임금님을 보고 마구 웃어대긴 했지만, 사실 어제 임금님의 자신감 넘치는 모습은 되게 멋져 보였어요."

"하하하하! 맹랑한 강아지구나. 네가 아주 마음에 든다. 너에게 으리으리한 집과 최고급 사료, 맛있는 소시지 간식을 줄 테니, 내 곁에서 함께 살지 않겠느냐?"

'우와, 그 좋은 것들을 다 준다고?'

순간 온갖 생각이 머리를 스치며 여기에 확 눌러살까 싶기도 했다.

"음, 저는 그냥 시우랑 장난치고 말썽 부리면서 살게요! 가족이랑 함께 지내는 게 훨씬 재미날 것 같아요."

"아하하하! 역시 맹랑한 강아지야. 그래도 가끔 놀러오려무나. 맛있는 음식을 대접할 테니."

"앗, 정말요? 너무 자주 온다고 뭐라고 하지 않기예요! 헤헤!"

그렇게 재단사 아저씨와 나는 궁전에서 나올 수 있었다.

긴장이 풀려서일까? 집에 돌아오니 너무 졸려. 으하함! 재단사 아저씨가 내 덕분에 살았다며 나한테 고맙다고 했어. 쑥스럽게……. 저도 아저씨 덕분에 도형에 대해 많이 배웠는걸요.

그나저나 내가 하룻밤 외박했는데도 시우 녀석은 모르잖아? 야, 우리가 그것밖에 안 되는 사이였어?

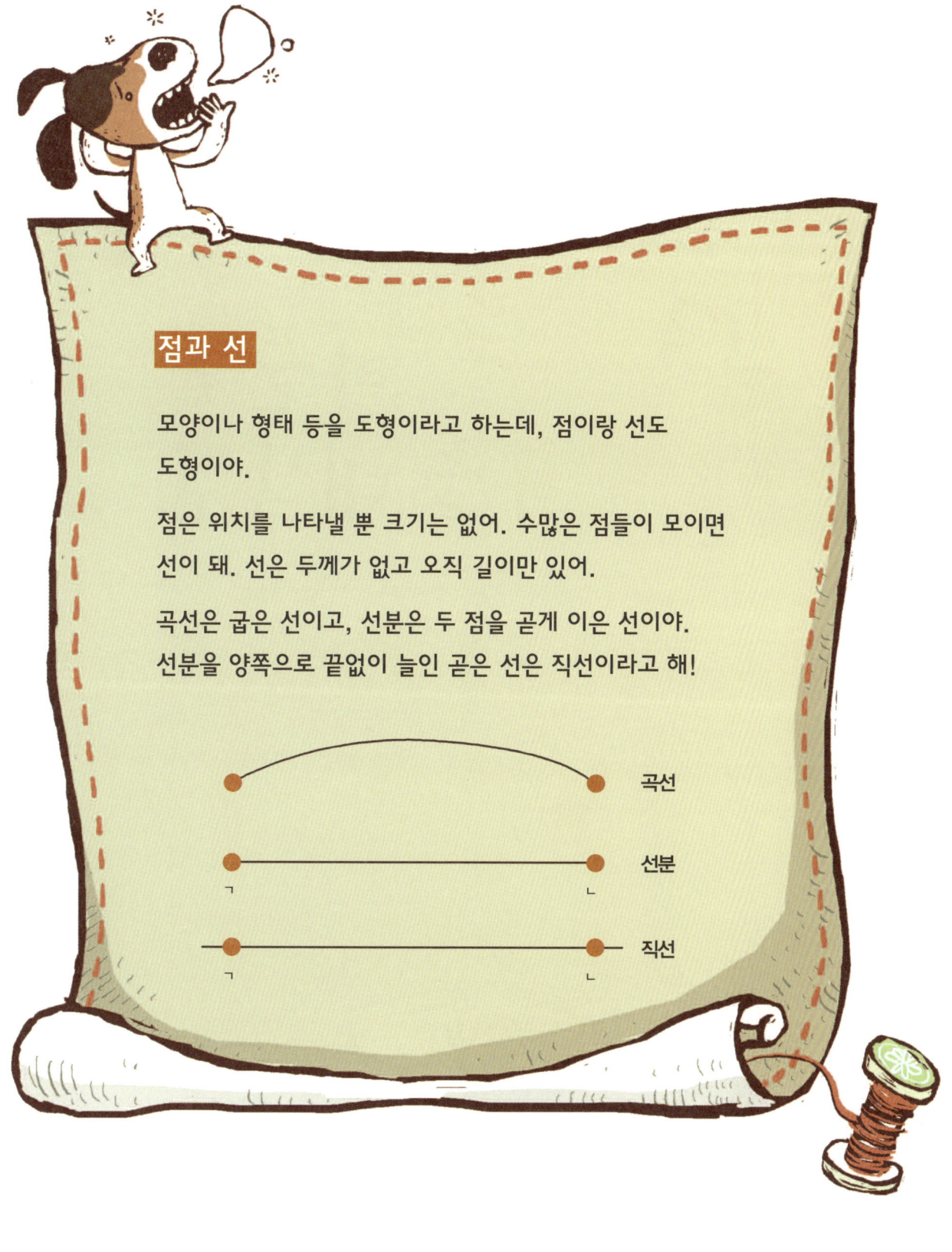

이야기 둘

라푼첼 구출 대작전

여러 가지 입체도형

이상한 학교에는 바람둥이가 있다. 이 녀석은 참 많은 아이들과 사귀었다. 신데렐라, 백설공주, 잠자는 숲 속의 공주, 심지어 내가 짝사랑했던 엄지공주까지……. 이상한 학교 친구들과 사귀다 헤어지고, 사귀다 헤어지더니 이제는 아예 학교 밖 아이와 사귄다는 소문까지 돌았다. 녀석은 꼭 하얀색 말만 타고 다니는데 여자아이들 앞에서 폼 잡으려고 그러는 걸 난 알고 있다. 그 녀석의 이름은 '백마탄왕자'다.

하루는 백마탄왕자가 말고삐를 붙들고 터벅터벅 걸어왔다. 어쩐지 힘이 없어 보였다.

"백마탄왕자, 무슨 일이야? 여자 친구랑 헤어졌어?"

"그게 아니라, 나…… 사랑에 빠진 것 같아. 아아, 라푼첼……."

"또 사랑 타령이야?"

"이번엔 정말이야. 이런 적은 처음이라니까. 가슴이 너무 쿵쾅대서 잠도 못 잤어."

"그럼 고백하면 되지. 뭐가 문제야?"

"고백하는 데 같이 가 줘."

"내가 거길 왜 가? 나도 바쁜 몸이라고."

"……."

백마탄왕자는 혼자 가기 부끄럽다며 부득부득 나를 끌고 갔다. 꼬불꼬불한 숲길을 따라 한참을 달려 도착한 곳은 성처럼 높은 탑이었다. 그런데 탑에는 문이나 계단도 없고 꼭대기에 창문만 달랑 하나 있었다.

"라푼첼! 숲길을 걷다가 당신의 아름다운 노랫소리를 들었어요! 그 순간 당신에게 반했죠! 내 여자 친구가 되어 줘요!"

백마탄왕자는 두 손을 입에 대고 고래고래 소리쳤다. 그래도 탑의 꼭대기 방에 있다는 라푼첼은 잠잠했다.

"내가 올라가겠어요! 라푼첼! 라푼첼! 거기로 갈 수 있는 방법을 알려 줘요!"

그러자 창문에서 이상한 줄이 내려왔다.

"왕자님, 이걸 타고 올라오세요."

놀랍게도 탑의 꼭대기에서 내려온 황금빛 줄은 라푼첼의 길고 긴 머리카락이었다. 백마탄왕자는 활짝 웃더니 머리카락을 타고 탑으로 올라갔다. 밑에 나 혼자 남겨 둔 채…….

'괜히 따라왔잖아. 자기만 쏙 올라가 버리고. 다신 따라오나 봐라. 흥!'

 바로 그때였다. 쨍쨍 맑았던 하늘이 점점 어두워졌다. 하늘 저 멀리에선 새도 비행기도 아닌 까만 형체가 이쪽으로 날아오고 있었다. 가까이 다가온 까만 형체는 말로만 듣던 '빗자루를 탄 마녀'였다!

 "깔깔깔깔. 감히 내 허락도 없이 탑에 숨어들어? 여기에 온 걸 후회하게 해 주마!"

 마녀는 라푼첼의 머리카락을 싹둑 잘랐다. 엄청나게 긴 라푼첼의 머리카락이 바닥에 '쿵!' 소리를 내며 떨어졌다.

 "깔깔깔깔. 라푼첼! 여태까지 보살펴 줬더니 나를 배신해? 왕자 녀석이랑 평생 탑에 갇혀 지내라지! 쫄쫄 굶으면서! 깔깔깔깔."

 마녀는 기분 나쁜 웃음소리를 남기고 하늘 저 멀리로 사라졌다.

 '하늘을 나는 마녀라니! 으으!'

 갑자기 나타난 마녀에 깜짝 놀란 나는 그 자리에 얼어붙어 버렸

다. 긴 머리카락이 싹둑 잘렸으니, 이제 라푼첼도 백마탄왕자도 탑에 꼼짝없이 갇히게 생겼다.

"와리야! 우리를 도와 줘!"

까마득히 높은 탑에 갇힌 백마탄왕자가 아래를 보며 고래고래 소리쳤다.

"내가 어떻게 도와? 난 거기까지 못 올라가!"

"우리가 내려갈 수 있게 계단을 쌓아! 알렉산더랑 힘을 합치면 될 거야!"

'계단? 하긴 출입문도 없는 탑에서 탈출할 방법은 계단을 새로 만드는 수밖에 없겠다. 하지만 나무도 없고 벽돌도 없는데 어떻게

계단을 만들라는 건지, 원…….'

"이상한 학교에 가자. 찾아보면 폐품이 많을 거야."

"오오, 그래! 어? 알렉산더가 너였어? 왕자의 백마……. 그런데 너도 말할 줄 알아?"

"그러는 너도 말하잖아."

"하, 하긴. 얼른 학교에 데려다 줘."

"꽉 잡아! 이히히힝!"

이상한 학교 창고에는 텔레비전, 냉장고, 매트리스, 벽돌, 전자레인지, 사과 상자, 서랍장, 통나무, 통조림, 케이크, 음료수 캔, 참치 캔, 축구공, 농구공, 배구공, 지구본 등 온갖 종류의 물건들이 가득 있었다.

"우와, 정말 없는 게 없네. 이거 다 가져가도 될까?"

"쓰고 다시 제자리에 갖다 놓지, 뭐."

물건들을 모두 수레에 담고, 수레를 알렉산더에게 연결했다.
"난 뼈대 있는 말이라 수레는 안 끄는데……."
"잔말 말고, 출발해!"

우리는 순식간에 탑 앞에 도착했다. 알렉산더는 하얗게 윤기 흐르는 털을 휘날리며 엄청 빨리 달렸다.
"이제 이 물건들로 계단을 쌓기만 하면 백마탄왕자를 구출할 수 있겠다."
"잠깐! 아무렇게나 쌓으면 금방 와르르 무너질 거

야. 우선 물건들을 각각의 모양대로 분류해 봐. 다 **입체도형**이잖아."

"물건들을 모양대로 분류하라고? 입체도형이 뭔데?"

"부피가 있는 도형. 축구공이나 사과 상자나 통조림…… 이런 게 다 입체도형이야. **평면도형**이란 것도 있는데 색종이, 평면 TV 앞부분처럼 두께가 없는 도형이야. 하지만 입체도형은 두께가 있어서 부피감이 느껴져."

"아이, 난 모르겠어. 알렉산더 너 혼자 알아서 해."

"으이구. 여기 냉장고 보이지? 그리고 바닥에 생긴 냉장고의 그림자도 보이지? 냉장고는 입체도형이고, 바닥의 그림자는 평면도형이야. 냉장고는 부피가 있지만 바닥에 생긴 그림자는 두께가 없고 모양만 있잖아."

"오호. 무슨 말인지 이제 알겠다."

"그럼 일단 축구공처럼 잘 굴러가게 생긴 입체도형을 **공 모양**이라고 약속하고, 공 모양 물건들을 따로 모아 보자."

나와 알렉산더는 동그란 공 모양 물건들부터 모았다. 축구공, 농구공, 배구공, 테니스공 그리고 지구본까지…….

"공 모양은 전체가 둥글어서 너무 잘 굴러가. 이런 걸로 계단을 쌓기는 힘들겠다. 그렇지, 알렉산더?"

"응. 공 모양은 평평한 부분이 없어서 계단 쌓기엔 맞지 않아. 어? 그런데 그건 공 모양이 아니지."

보온병을 들고 있는 나에게 알렉산더가 한 말이었다.

"얘가 뭘 모르네. 봐. 이것도 굴러가잖아."

"보온병의 옆은 둥글지만 위와 아래는 평평하잖아."

"그러네. 참! 아침마다 엄마가 보온병에 아빠 보약을 넣고 식탁에 올려놓으시지. 평평한 곳을 바닥에 대면 세울 수 있어."

"이번엔 보온병처럼 옆은 둥글고 위와 아래는 평평하게 생긴 입체도형을 **둥근기둥 모양**으로 약속하고 이렇게 생긴 물건들을 모아 볼까?"

"음료수 캔, 통나무, 보온병, 큰북, 드럼통, 통조림까지……. 정말 많다. 그런데 고깔모자도 둥근기둥 모양인가?"

지난번 생일 파티 때 썼었던 고깔모자가 반가워 괜히 알렉산더에게 물었다.

"고깔모자는 위아래가 평평하지 않으니까 둥근기둥 모양이 아니지. 이번엔 벽돌처럼 생긴 입체도형을 **상자 모양**이라고 약속하고, 이렇게 생긴 물건들을 모아 보자."

우리 둘은 냉장고, 매트리스, 벽돌, 전자레인

지, 사과 상자 등 많은 상자 모양의 물건들을 꺼냈다.

"좋았어. 상자 모양은 평평하고 둥근 부분이 없어서 계단으로 만들기에 가장 적당해 보여."

"그럼 우선 **상자 모양** 물건들로 계단을 쌓자."

가장 먼저 매트리스를 깔고, 냉장고를 그 위에 놓았다. 그리고 벽돌, 전자레인지, 사과 상자 등을 차례로 쌓았다.

"아직 계단을 좀 더 쌓아야 하는데 상자 모양 물건들이 모자라."

"그럼 둥근기둥 모양의 물건들을 세워서 쌓지 뭐. 평평한 쪽을 바닥에 대고 세우면 괜찮을 거야."

이번엔 통나무, 드럼통, 큰북, 통조림, 음료수 캔 등 **둥근기둥 모양** 물건들을 쌓았다. 알렉산더와 나는 환상의 짝꿍처럼 손발이 착착 맞았다. 어느새 백마탄왕자와 라푼첼이 탑에서 나오기에 충분한 높이의 계단이 완성됐다.

"와리야, 우선 라푼첼을 보낼게!"

"그래! 라푼첼, 겁먹지 말고 천천히 내려와요!"

"난생처음 밖으로 나가요. 정말 떨려요."

드디어 라푼첼이 모습을 드러냈다. 백마탄왕자가 첫눈에 반한 라푼첼이 과연 얼마나 아름다울지 궁금했다. 라푼첼은 창가 아래에

놓인 계단을 한발씩 조심스럽게 디디며 탑을 빠져나왔다. 점점 가까이 보이는 라푼첼은 머릿속으로 상상했던 모습과는 많이 달랐다. 아무렇게나 잘린 머리카락이 이리저리 흩뜨려져 산발이었고, 몸은 뚱뚱했다. 솔직히 그동안 백마탄왕자가 사귀었던 여자 친구들보다 개성이 강해서 조금 당황스러웠다.

"백마탄왕자, 이젠 네 차례야!"

뒤이어 백마탄왕자도 늠름하게 계단으로 내려왔다. 녀석은 내려오자마자 라푼첼의 손을 잡으며 사랑스러운 눈길로 바라봤다.

'사랑에 빠지면 눈에 콩깍지가 씐다더니.'

바람둥이로만 알았던 백마탄왕자가 진정한 사랑을 찾은 것 같아, 괜스레 내 마음까지 뿌듯해졌다.

"가만, 하늘이 점점 어두워져요! 마녀가 오나 봐요. 모두 숨어야 해요!"

우리는 재빨리 나무 뒤로 몸을 숨겼다. 정말 빗자루를 탄 마녀가 탑으로 다가오고 있었다.

"앙큼한 라푼첼! 아름다운 목소리로 인간들을 꾀는 것도 모자라 계단까지 만들게 해? 이번엔 진짜 혼꾸멍내 줄 테다!"

화가 난 마녀는 빗자루를 바닥에 내팽개치고 씩씩대며 계단을 올랐다. 라푼첼이 아직 탑 안에 있을 거라고 생각한 모양이었다. 순간 내게 기막힌 아이디어가 떠올랐다.

"애들아, 계단을 무너뜨리자."

"무슨 소리야?"

"무슨 소리예요?"

백마탄왕자와 라푼첼은 내 뜻을 눈치 못 챘지만, 나와 찰떡궁합 알렉산더는 눈을 찡긋하며 알겠다는 신호를 보냈다.

드디어 마녀가 마지막 계단을 밟고 탑으로 들어갔다. 알렉산더와 나는 따로 모아 둔 **공 모양** 물건들을 들었다.

"바로 지금이야! 하나, 둘, 셋!"

우리는 계단을 향해 힘차게 공 모양 물건들을 던졌다.

"와장창!"

공 모양 물건들은 거침없이 굴러가 계단에 부딪혔다. 탑만큼 높이 쌓은 계단은 금방이라도 무너질 태세였다.

"한 번만 더!"

"와르르르!"

드디어 계단이 무너졌다!

"깔깔깔깔. 계단을 무너뜨려서 나를 골탕 먹이겠다? 흥. 그렇담 빗자루를 타고……. 가만, 내 빗자루! 내 빗자루!"

"이봐요, 마녀! 이 빗자루는 내가 보관할게요. 내가 탑에 갇혔던 기간만큼만 쓰고 돌려 줄 테니 걱정 말아요!"

라푼첼과 백마탄왕자는 마녀의 빗자루를 타고 휭 하니 하늘 멀리로 날아가 버렸다.

휴……. 정신없는 하루였어. 백마탄왕자 녀석은 정말 얄미워. 또 혼자 '슝!' 가 버리고 말이야. 알렉산더랑 내가 이상한 학교에서 가져온 물건들을 다시 갖다 두느라 얼마나 힘들었다고!

시우는 거울을 보며 투덜투덜하고 있어. 시우가 좋아하는 여자애가 시우 얼굴이 네모 모양이라고 놀렸나 봐. 아닌데. 시우 얼굴은 상자 모양인데. 킥킥. 얼굴은 부피가 있으니까 입체도형이잖아.

시우야, 너무 속상해하지 마. 언젠간 널 '백마 탄 왕자'로 봐 줄 여자 친구를 만날 수 있을 거야!

평면도형과 입체도형

1. 두께가 없이 길이와 폭만 갖고 있는 도형을 평면도형이라고 해.

2. 입체도형은 공간에서 부피를 갖는 도형이야. 우리 주변에서 볼 수 있는 대부분의 물건들이 입체도형이야.

3. 입체도형 중에서

    전체가 둥글어서 잘 굴러가는 건 '공 모양',

    평평해서 차곡차곡 쌓기 쉬운 건 '상자 모양',

    옆은 모가 나지 않고 둥글지만 위와 아래는 평평한 건 '둥근기둥 모양'이야!

평면도형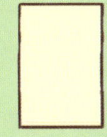

입체도형

상자 모양   공 모양   둥근기둥 모양

"엄마! 저도 동생 만들어 주세요. 네? 제 친구들은 다 동생 있단 말이에요!"

"엄마는 시우 하나만으로도 머리가 아파요. 지금도 얼마나 힘든데."

"엄마가 안 힘들게 제가 잘 보살필게요. 밥도 챙겨 주고, 동생 괴롭히는 녀석들은 혼내 주고!"

"안 돼."

"아, 동새애애애애앵!"

시우는 요즘 엄마 치맛자락을 붙들고 동생 만들어 달라고 엄청 징징댄다. 시우는 동생이 생기면 좋을 거라고 생각하는 모양이다. 시우는 정말 뭘 모른다. 동생이랑 싸우기나 하지, 좋은 거 하나도 없는데……. 난 말 안 듣고 귀찮은 동생 따윈 필요 없다!

오늘도 이상한 학교에서는 일꿀이, 이꿀이, 삼꿀이가 싸우고 있었다. 얘네는 나보다 어린 아기돼지 삼형제들이다. 정말 귀엽게 생긴 녀석들이지만, 철이 없어서 그런지 무지막지하게 서로 다툰다. 오늘은 또 무슨 일로 저러는 걸까? 매번 별일도 아닌데 다투기 일쑤다.

"내 방이 젤 멋져!"

"아니야! 내 방이 훨씬 멋지다구. 형은 그렇게 보는 눈이 없어? 그러니까 늑대한테 당했지."

"뭐야? 이꼴이 너 혼나 볼래?"

"형이면 다야? 때리기만 해!"

"그러는 너도 늑대한테 당했잖아. 늑대한테 잡아먹힐까 봐 똥줄이 빠지게 도망치는 거 내가 다 봤어."

"아니야! 아니야!"

"저기 형들, 내 방이 약간 더 멋진 것 같은데……."

"삼꿀이 넌 가만있어!"

일꿀이는 이꿀이를 놀리고 윽박지르는 걸 좋아한다. 이꿀이는 일꿀이한테 깐족거린다. 삼꿀이도 지지 않고 은근히 자기 할 말을 보탠다. 돼지 삼형제랑은 되도록 같이 놀지 않는 게 좋다. 잘못하면 싸움에 휘말리기 때문이다.

"와리야, 우리 집에 안 갈래?"

"싫어. 저번에도 너네 삼형제가 싸우는 거 말리느라 힘이 쏙 빠졌다고."

"오늘은 안 싸울게. 같이 가자."

"뭐 재미난 장난거리라도 있는 거야?"

"너, 이꿀이랑 내가 삼꿀이 집에 들어가서 함께 살아 주는 거, 알지?"

"아아, 너네가 삼꿀이네 집에 얹혀사는 거? 알지."

"얹혀살……. 흠흠, 어쨌든."

"킥킥."

삼꿀이는 내 말에 조용히 킥킥거렸다.

"그런데 삼꿀이 집이 너무 개성이 없잖아. 셋이 같이 집을 꾸미려고 해도 당최 서로 취향이 안 맞아서 말이지. 그래서 각자 방만 꾸미기로 했어."

"각자 취향대로!"

"그래서 말인데, 와리 네가 1등으로 멋진 방을 뽑아 줘."

"내가?"

"응. 넌 멋진 털을 가졌고 항상 좋은 향기가 나잖아. 게다가 거짓말을 안 한다며? 그러니까 객관적이고 솔직하게 심사할 것 같아."

뭐 아부라는 건 알지만, 어쨌든 기분은 좋았다.

"좋아. 너희들이 정 원한다면!"

아기돼지 삼형제를 따라간 곳에는 빨간 벽돌집이 튼튼하게 지어져 있었다.

"너네 집 멋지다. 정말 튼튼해 보여. 늑대 열 마리가 와도 끄떡없겠어."

"그럼! 내가 누구냐."

"참나, 일꿀이 형이 지은 거 아니잖아. 삼꿀이가 지은 거지."

삼꿀이는 이꿀이의 말에 헤헤 웃기만 했다.

"형은 귀찮다고 볏짚으로 대충 만들었잖아. 그래도 나는 친환경 통나무집을 만들었는데, 늑대가 워낙 센 놈이라 다 날려 버렸지만."

"그럼 이 빨간 벽돌집만 늑대의 입바람에 안 날아간 거야?"

"응. 또 늑대가 굴뚝으로 들어오려는 걸 불을 지펴서 쫓아 버렸어. 하하하."

"그거 이꿀이 네가 한 거 아니잖아. 방법을 생각해 낸 건 나라고."

"헤헤, 불을 직접 지핀 건 나 삼꿀인데…….'"

돼지 형제들은 어느새 또 투닥투닥 싸울 기세였다.

"그만 하고 빨리 방이나 보여 줘. 누구 방이 멋진지 보자고."

먼저 일꿀이가 자기 방으로 나를 이끌었다.

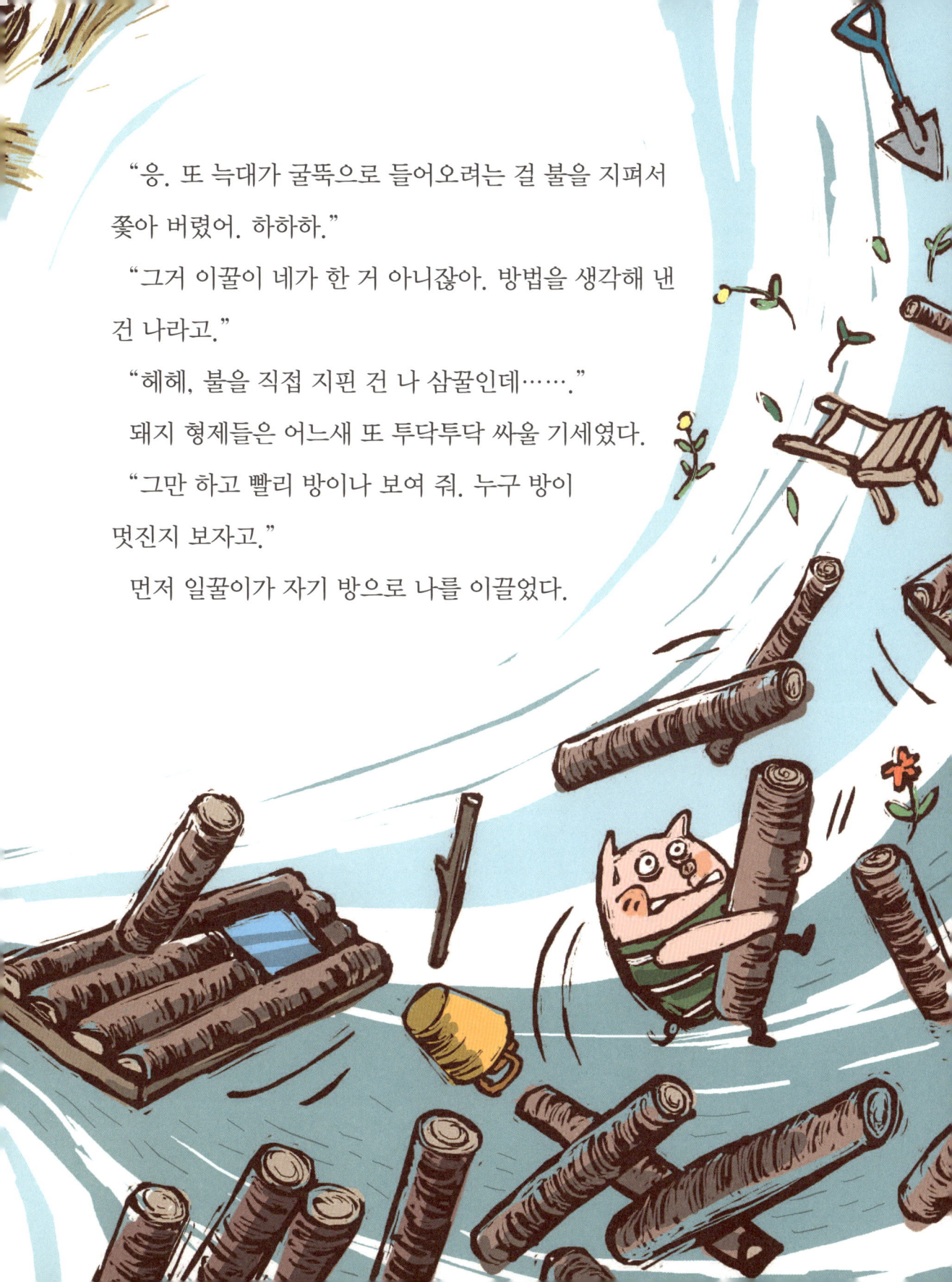

"짜잔! 나는 뾰족뾰족 멋있는 **삼각형**으로 벽을 꾸며 봤어."

"삼각형? 그게 뭐야?"

"이렇게 생긴 거 몰라?"

"아…… 세모 모양을 말하는 거야?"

"하하하. **세모 모양인 도형**이 삼각형이야."

일꿀이의 방은 온통 세모…… 아니, 삼각형이 가득한 벽지로 꾸며져 있었다.

"세모 모양보다 삼각형이 조금 더 유식한 말이라고나 할까? **3개**의 **선분**으로 둘러싸인 도형을 **삼각형**이라고 하지. 난 삼각형 모양이 멋있어서 좋아."

일꿀이는 벽지를 가리키며 자랑스러운 듯이 설명했다.

"삼각형에 대해서 얘기하자면 말야, 세 개의 선분으로 둘러싸인 도형이잖아. 그나저나 와리 너 선분이 뭔지는 알아?"

"당연하지. 두 점을 잇는 곧은 선이잖아."

마침 재단사 아저씨에게 선분에 대해 배워서 다행이었다. 하마터면 선분도 모른다고 돼지 삼형제에게 창피 당할 뻔했지 뭔가.

"맞아. 그런데 삼각형을 이루는 선분들을 **변**이라고 해. 그리고 변과 변이 만나는 점을 **꼭짓점**이라고 해. 그런데 삼각형에서 변과 꼭짓점이 몇 개게?"

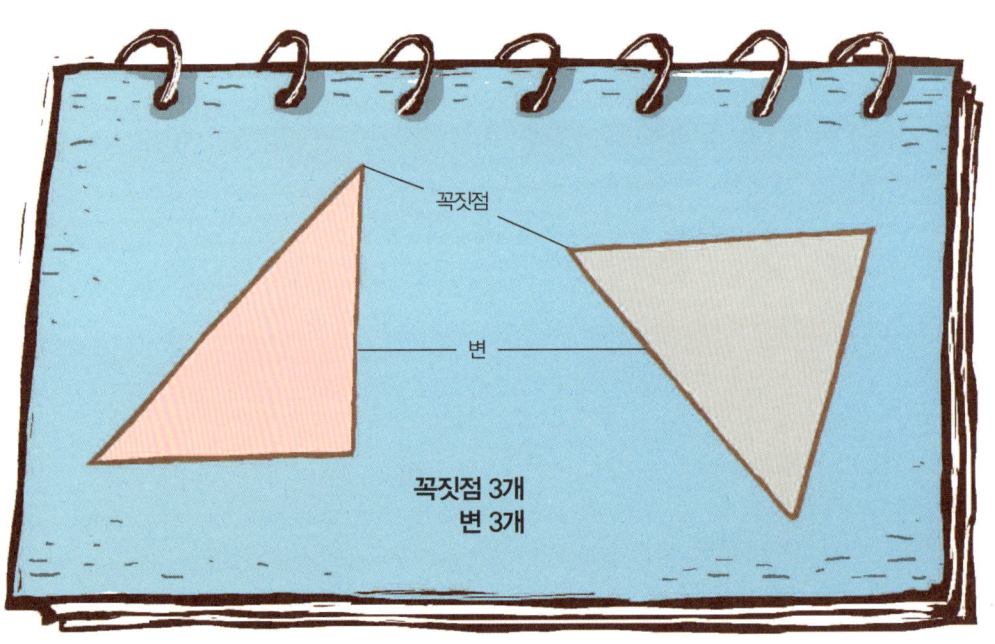

"하나, 둘, 셋. **3개**."

일꿀이의 질문에 벽에 보이는 삼각형을 몇 개나 찾아 변과 꼭짓점을 일일이 세어 보았다. 큰 삼각형도 아주 작은 삼각형도 하나같이 **변**과 **꼭짓점**이 세 개씩이었다.

"우와, 근데 정말 많이 그렸다. 이것도 삼각형이야? 이렇게 작은 것도? 이건 되게 납작하게 생겼는데?"

"변도 세 개고 꼭짓점도 세 개 있으니까 크든 작든, 납작하든 길쭉하든 다 삼각형이야."

"저기…… 일꿀이 형, 이건 삼각형이 아닌 것 같은데?"

삼꿀이가 조심스럽게 삼각형이 아닌 것들을 짚어 가며 하나하나 지적했다. 그러자 이꿀이는 신이 난 목소리로 삼꿀이의 말을 거들었다.

"이건 선분이 세 개지만 둘러싸여 있지 않으니까 삼각형이 아니야. 탈락! 이건 변과 꼭짓점이 네 개라서 탈락! 여기 이건 선분이 아닌 곡선이잖아. 삼각형은 반드시 세 개의 변과 세 개의 꼭짓점으로 이루어져 있어. 일꿀이 형, 좀 많이 틀렸는데? 뭐 실수라고 하겠지만……."

"야, 몇 개 실수한 거야. 그래도 다른 건 멋진 삼각형이야! 그렇

지, 와리야?"

"어? 어……. 일꿀이 네가 실수로 잘못 그린 걸 보니까 삼각형에 대해서 더 확실히 알게 된 것 같아."

"그럼 내가 1등이지?"

"형, 무슨 소리야? 아직 내 방이랑 삼꿀이 방도 남았는데."

"나도 여기에 삼각형 몇 개 그려도 돼?"

나는 일꿀이에게 **삼각형**을 그려 봐도 될지 물었다. 그리고 일꿀이의 허락이 떨어지자마자 벽에 삼각형 여러 개를 그렸다. 변이 3개, 꼭짓점도 3개에 주의하면서.

"삼각형 그리기 놀이는 그만 하고 내 방으로 가자."

이꿀이의 방도 멋진 모양의 벽지로 꾸며져 있었다.

"나는 듬직한 성격을 지닌 **사각형**으로 방을 꾸며 봤어."

"사각형이라면 혹시…… 네모 모양?"

"맞아. **네모 모양인 도형**이 사각형이야. 사각형을 이루는 선분을 **변**이라고 하고, 변과 변이 만나는 점을 **꼭짓점**이라고 해."

"그건 삼각형이랑 똑같네."

"다른 게 있어. 사각형에서 변과 꼭짓점이 각각 몇 갠지 세어 봐."

"하나, 둘, 셋, 넷. 4개. 그러고 보니 사각형은 변과 꼭짓점이 4개씩이야. 변과 꼭짓점이 4개니깐 사각형이구나?"

"응. 4개의 선분으로 둘러싸인 도형이 바로 사각형이거든. 난 다양하게 생긴 사각형들을 그렸어. 짠!"

"어? 이건 이상하게 생겼는데? 이건 사각형 아니지? 이꿀이 너도 틀렸다. 하하하."

나는 삐죽삐죽 이상하게 생긴 도형들을 가리켰다.

"잘 봐. 익숙한 모양이 아니라서 그렇지, 변 4개와 꼭짓점 4개가 있는 사각형들 맞아."

"정말? 나는 저기 벽돌처럼 반듯한 것들만 사각형인 줄 알았어."

"저, 저기…… 이꿀이 형, 이건 사각형이 아니잖아……."

구석에 있던 삼꿀이가 이번에도 조심스럽게 사각형이 아닌 것들을 손으로 짚으며 얘기했다. 그러자 일꿀이가 갑자기 한바탕 웃어 젖혔다.

사각형이 아닌 이유

"푸하하하! 삼꿀이 말이 맞아! 저건 선분이 네 개지만 둘러싸여 있지 않으니까 사각형이 아니고, 저건 선분이 아닌 곡선이 있잖아. 푸하하하! 너도 탈락이야, 탈락!"

"어? 정말이네……. 그래도 일꿀이 형보다는 틀린 게 적다고! 또 다른 건 멋진 사각형이야! 그렇지, 와리야?"

"어……. 난 사각형 하면 책이나 칠판 모양만 생각했는데, 정말 다양한 사각형들이 있구나. 그리고 이번에도 이꿀이가 잘못 그린 걸 보니까 사각형에 대해서 더 잘 알게 됐어."

"그럼 내가 1등이야?"

"삼꿀이 방도 보고 뽑아야지. 그전에 **사각형**도 하나 그릴게."

나는 이꿀이 방에도 변이 4개, 꼭짓점도 4개에 주의하면서 사각형을 그렸다.

우리는 마지막으로 삼꿀이의 방에 갔다.

"헤헤. 난 동글동글하게 귀여운 **원**을 그렸어."

"정말 원이 많네. 어떤 건 크고, 어떤 건 작지만 모양은 다 똑같아."

"와리 너, 원이 뭔지 모르지?"

"나도 눈치가 있지, 이쯤 되면 안다고. **동그라미 모양의 도형**이 원이잖아."

"응. 원은 동전이나 단추를 대고 그린 것처럼 아주 동그란 모양이야. 변도 없고, 꼭짓점도 없고. 여기에도 원 하나 그릴래? 쉬우니까 일꿀이, 이꿀이 형들도 하나씩 그려 봐."

동그란 모양이 아님

동그란 모양이 아님

중심을 기준으로 접었을 때 완전히 겹치지 않음

나는 일꿀이, 이꿀이와 함께 벽에 원을 그렸다. 다들 말은 안 했지만 삼꿀이보다 더 멋진 원을 그리려고 머리를 굴리는 듯했다.

"저기…… 형들, 그건 원이 아니야. 둘 다 동그란 모양이 아니잖아. 그리고 와리가 그린 것도 원이 아니야. 원은 중심을 기준으로 접었을 때 남는 곳 없이 딱 맞게 겹쳐지는데 이건 안 맞잖아."

"어? 그런가? 하하하! 삼꿀이 넌 잘못 그린 원이 하나도 없네? 다 제대로 그렸어! 그럼 삼꿀이한테 1등을 줘야 되나?"

내가 감탄하며 말하자 삼꿀이가 환하게 웃었다. 하지만 일꿀이와

이꿀이의 얼굴은 무섭게 일그러졌다.

"무슨 소리! 내 뾰족뾰족 **삼각형** 방이 얼마나 멋있는데!"

"내 든든한 **사각형** 방이 더 낫지!"

"난 형들이 1등해도 상관없지만…… 내가 **원**을 정확하게 그리기는 했지. 헤헤."

정말 고민이었다. 1등을 삼꿀이에게 주면 일꿀이는 불같이 화를 낼 게 뻔했고, 이꿀이는 계속 따지고 들 터였다. 하지만 누가 뭐래도 삼꿀이는 원을 가장 정확하게 그렸으니……. 이 녀석들, 이런 어려운 결정을 떠맡기다니!

"시간이 너무 늦었는데? 그만 집에 가야겠어."

"그런 게 어디 있어! 누가 1등인지만 말하고 가."

"그냥 얘기하면 재미없잖아? 내가 나가면서 문 밖에 1등이 그린 도형을 붙여 놓고 갈게."

쿵쿵쿵. 어려운 선택이었지만 오랜 고민 끝에 드디어 1등을 결정했다. 모두들 나의 현명하고 탁월한 심사에 감탄할 거라 생각하며 집으로 잽싸게 뛰었다.

"앗, 이게 뭐야?"

"어? 삼각형, 사각형, 원으로 그려진 우리 얼굴이야."

"그렇다면 1등은 우리 모두라는 뜻……."
"와리 이 녀석, 한 명만 뽑아 달랬더니!"
"끙……!"

아기돼지 삼형제 녀석들, 나의 깊은 뜻을 깨닫고 감탄했겠지? 귀엽고 똑똑하기까지한데, 형제끼리 사이좋게 지내면 더 좋잖아?

시우야, 나도 이제 네 맘을 좀 알겠어. 서로 다툴 때도 있지만 형제끼리는 재밌는 사건도 많을 것 같아. 우리 내일부턴 엄마한테 같이 조르자! 나도 동생 강아지가 있었으면 좋겠거든!

평면도형 삼형제, 삼각형! 사각형! 원!

1. 삼각형은 3개의 선분으로 둘러싸인 도형이야. 3개의 변과 3개의 꼭짓점으로 이루어져 있어.

2. 사각형은 4개의 선분으로 둘러싸인 도형이야. 4개의 변과 4개의 꼭짓점으로 이루어져 있어.

3. 원은 동그라미 모양의 도형이야.

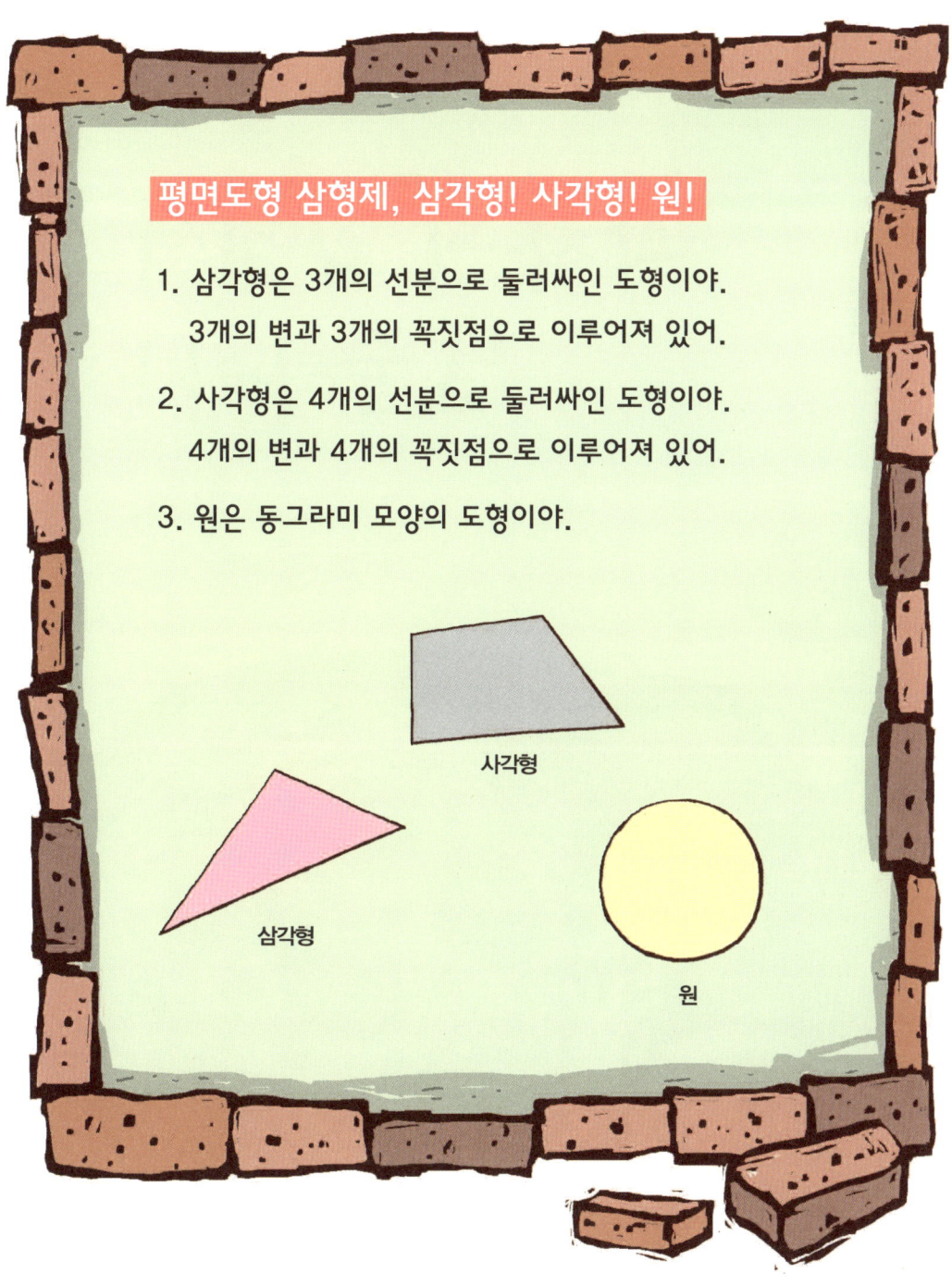

사랑스런 친구, 와라야.

헨젤 오빠와 나는 지금 아주 멋진 곳에 와 있어.

숲에서 우연히 어떤 집을 발견했는데 글쎄 그 집이 말이야,

놀라지 마…….

과자로 만든 집인 거 있지!

거짓말 같다고? 거짓말인지 아닌지 확인하고 싶으면

약도를 보고 찾아와.

오빠랑 내가 다 먹어 버리기 전에 오는 게 좋을 거야. 히히.

말라깽이 그레텔로부터

   이상한 학교에 갔더니 그레텔이 보낸 편지가 와 있었다. 헨젤과 그레텔은 무척 가난한 집의 남매다. 그래서 하루에 먹는 음식이라고는 빵 하나가 전부였다. 그래도 헨젤과 그레텔은 언제나 사이좋고 다정하게 지냈다.

  '과자로 만든 집이라고? 그런 건 동화에나 나오는데……. 너무 배고프게 지내더니 꿈속에서 본 걸 착각한 게 아닐까?'

나는 그레텔의 말이 믿기지 않았다. 하지만 편지의 마지막 줄이 자꾸만 거슬렸다.

'정말 과자로 만든 집이 있고 그걸 헨젤과 그레텔이 다 먹어 버린다면……. 으으, 안 되지. 얼른 가 봐야겠어. 아무한테도 말하지 말고 나 혼자만. 으흐흐.'

그레텔이 그린 약도는 허술해 보였지만 의외로 길을 정확히 안내해 주었다. 길을 따라가다 다리가 아프기 시작하는 곳에서 오른쪽을 보았더니, 떡하니 집이 있었다. 달콤한 향기도 솔솔 풍겨 왔다.
"킁킁! 킁킁킁! 찾았다! 과자의 집!"

나는 단숨에 달려 과자의 집 앞에 이르렀다. 내 눈으로 보고도 믿기 어려운 모습이었다. 집은 시럽을 바른 것처럼 반짝반짝 윤이 났고, 알록달록한 사탕, 바삭하게 구운 쿠키와 비스킷, 쫀득쫀득한 젤리, 맛있는 파이와 갓 구운 빵, 크림을 듬뿍 얹은 케이크, 갖가지 모양의 초콜릿으로 꾸며져 있었다.
"오오오! 여기가 바로 내가 꿈꾸던 천국이야! 먹고 싶은 것들이 다 있어!"

과자의 집을 보고만 있어도 군침이 절로 돌았다.

"쓰읍! 이 손잡이 맛있겠다. 한입만 먹어 볼까. 냠냠……, 냠냠냠……. 오!"

나는 문고리로 쓰인 막대사탕을 떼어 핥았다. 달콤한 맛이 입안에서 사르르 퍼졌다. 집 안에는 맛있는 게 얼마나 더 많을지 잔뜩 기대하며 들어갔다.

"똑똑. 안에 누구 있어요? 그레텔! 헨젤! 나 왔어."

"어, 와리다……."

"그레텔! 이런 곳이 정말 있을 줄은 몰랐어! 날 초대해 줘서 고마워!"

그런데 이상하게도 그레텔은 시무룩하고 난처한 얼굴이었다. 바로 그때 어디서 많이 들어본 웃음소리가 들려왔다. 기분 나쁜 웃음소리가 점점 가까워지더니 드디어 그 주인공이 모습을 드러냈다.

"깔깔깔깔. 네가 와리란 말이지? 이놈! 드디어 걸려들었군."

"앗! 당신은 라푼첼을 가뒀던 마녀잖아! 분명 우리가 탑에 가뒀는데 어떻게 빠져나왔지? 하늘을 나는 빗자루도 없을 텐데?"

"깔깔깔깔. 난 네가 골탕 먹였던 마녀의 쌍둥이 언니다. 내 동생은 너희들에게 당한 충격으로 밥도 못 먹고 있어! 내가 대신 복수

해 주려고 말라깽이 그레텔인 척 편지를 보냈지! 깔깔깔깔."

그러고 보니 그레텔은 양동이에 물을 떠 나르고, 헨젤은 구석에 있는 아주 큰 새장에 갇혀 있었다. 헨젤과 그레텔 남매는 숲에서 길을 잃고 헤매다가 과자의 집에 오게 됐고, 과자를 마구 먹다가 마녀에게 들켜 며칠 동안 갇혀 지냈다고 했다.

"슬슬 세 녀석을 한꺼번에 요리해 볼까. 깔깔깔깔. 아참, 그 전에 내 동생을 데려와야지. 저 똥개를 잡아 뒀다고 하면 당장 달려올 걸! 그레텔, 넌 가마솥에 물을 채우고 팔팔 끓여 놔! 깔깔깔깔."

"아무리 쌍둥이라지만 기분 나쁜 웃음소리까지 닮았다니!"

마녀가 깔깔거리며 숲으로 사라지자 헨젤이 새장에서 쑤욱 빠져나와 그간의 일을 설명해 주었다.

"마녀가 아이들을 꾀어서 잡아먹으려고 과자로 집을 만들었대. 그리고 동생 마녀는 와리 널 잡기만 하면 당장 잡아먹겠다고 벼르고 있나 봐."

"으윽……."

다리가 후들후들 떨렸다.

"게다가 이 집은 주문에 걸려서 안에선 문이 안 열려. 문을 열 수 있는 건 마녀뿐이야."

"그럼 꼼짝없이 잡아먹힌단 말이야? 어후 끔찍해."

"한 가지 방법이 있긴 한데, 우리가 처음 왔을 때처럼 과자 모양을 되돌려 놓으면 문이 열린대. 그런데 그레텔이랑 난 원래 어땠는지 전혀 생각이 안 나. 너무 배가 고파서 손에 잡히는 대로 먹었거든……."

집을 둘러보니 정말 난감했다. 온 벽을 둘러싼 과자 진열장이 듬성듬성 비어 있었다.

"많이도 먹어 치웠군. 하긴 한번 맛을 보면 멈출 수 없었을 거야. 가만, 이거 **규칙**이 있는 것 같은데?"

"규칙?"

"잘 봐. 마녀가 과자를 아무렇게나 둔 게 아니야. 마녀가 정한 규칙을 알아 내면 원래대로 놔둘 수 있겠어."

헨젤과 그레텔은 고개를 갸웃거리며 내 얼굴만 빤히 쳐다봤다. 나는 일단 오른쪽 벽을 살펴보았다. 진열장 중간에 빈 곳이 있었다.

"별 과자 옆에 딸기 빵. 그 옆에 별 과자. 또 옆에 딸기 빵. 그 옆은 또 별 과자, 딸기 빵이야."

"음…… 그리고 보니 와리 말대로 규칙이 있는 것 같네. 별 과자와 딸기 빵이 한 번씩 반복되고 있어. 그럼……."

"별 과자야! 빈 곳엔 별 과자 하나를 넣어야 해. 그렇지 오빠? 부엌에 남은 게 있을 거야."

그레텔은 부엌으로 달려가 별 모양 비스킷을 가져왔다. 그리고 진열장의 빈 곳에 쏙 집어넣었다.

"뾰로롱!"

"응? 이게 무슨 소리지?"

"문제를 맞히면 이런 소리가 나나 봐. 귀엽다."

"자, 그럼 다른 것도 규칙을 찾아볼까?"

첫 번째 규칙을 찾아 내고 자신감이 붙은 그레텔이 헨젤을 끌고 얼른 반대쪽 진열장으로 뛰어갔다.

 "이거 정말 맛있었는데……. 초코볼도 사탕도! 음, 또 먹고 싶다."

 "그레텔, 지금은 시간이 없어. 얼른 도망치지 않으면 마녀에게

잡아먹힌다고."

 헨젤이 오빠답게 그레텔을 타일렀다. 사실 나도 하나 빼서 먹고 싶은 걸 꾹 참았다.

 "알았어, 오빠. 근데 아까랑은 달라. 초코볼 옆에 사탕. 그 옆에 초코볼과 사탕이고 또 사탕이 나왔어! 그 옆에 초코볼……. 마지막에는 사탕이 한꺼번에 4개나 있어. 어후, 복잡해."

 "초코볼이랑 사탕이 반복해서 놓여 있으니까 사탕을 채워 넣는 게 맞을 거야. 삼각형 사탕을 하나 넣으면……."

 "와리야, 잠깐만! 초코볼이랑 사탕이 하나씩 반복되는 규칙이 아니야. 초코볼 하나에 사탕 하나, 그 다음엔 초코볼 하나에 사탕 둘

이야. 다음엔 초코볼 하나가 있고 옆은 비어 있으니까 사탕 세 개가 와야 해. 그 다음 빈 곳엔 초코볼을 하나 두면 돼. 마지막에 사탕이 네 개 있으니까 역시 규칙에 맞아떨어져."

"아, 그렇구나. 초코볼은 하나씩만 반복되는데 사탕은 하나씩 개수가 **늘어나는 규칙**이었어."

그레텔과 나는 헨젤이 말한 규칙대로 빈 곳을 채웠다.

이번엔 뒤쪽 진열장을 살펴봤다. 쫀득쫀득 맛있어 보이는 젤리를 색깔별로 보관해 둔 곳이었다. 그런데 방금 본 진열장보다 빈 곳이 훨씬 더 많았다.

"와…… 여긴 왜 이렇게 많이 비었어? 너네 정말 많이 먹었다."

"으응……. 너무 맛있어서 막 먹다 보니까. 미안해 와리야."

"아니, 너희들한테 뭐라고 하는 건 아니고, 그냥 그렇다고. 흠흠! 그럼 또 규칙을 찾아볼까?"

"가장 위에는 빨간색 젤리. 그 밑에는 주황색 젤리. 또 밑에는 노란색 젤리. 또 밑에는 초록색 젤리, 파란색 젤리, 남색 젤리……."

"이건 많이 들어 본 색깔 **순서**인데?"

"빨주노초파남보……. 일곱 색깔 무지개야!"

헨젤과 그레텔이 동시에 외쳤다.

"그러니까 맨 아래 층에는 보라색 젤리를 채워야 해."

"보라색 젤리를 몇 개나? 그리고 남색 젤리랑 초록색 젤리도 중간에 빈 곳이 있어."

"위부터 보면 빨강이 하나, 주황이 둘, 노랑이 셋……. 아래층으로 내려갈수록 젤리 개수가 하나씩 **늘어나는 규칙**이야."

마침내 마지막 규칙을 알아 낸 우리는 서로 마주 보면서 씩 웃음 지었다. 헨젤은 보라색 젤리 7개를 가져와 가장 아래 칸에 넣었고,

그레텔은 남색 젤리를 가져와 빈 곳에 넣어 남색 젤리를 총 6개로 만들었다. 나는 초록색 젤리를 가져와 초록색 젤리가 총 4개가 되게 쏙 집어넣었다.

"뾰로롱!"

"야호! 드디어 일곱 색깔 무지개가 완성됐다!"

"이제 원래대로 다 된 거지? 마녀가 오기 전에 얼른 도망치자!"

우리는 마침내 과자의 집을 벗어나 후다닥 밖으로 뛰쳐나왔다.

 그런데 올 때는 몰랐는데 막상 문을 열고 나와 보니 길이 여러 갈래나 되었다.
 "참, 우린 길을 모르잖아. 숲 속 길을 잘 아는 건 마녀밖에 없어. 와리한테 보낸 약도도 마녀가 직접 그린 거였고. 우린 보지도 못하게 했다고."
 "걱정 마. 이럴 줄 알고 여기로 올 때 빵 조각을 떨어뜨려 놨어. 그걸 보고 가면 금방 우리 집을 찾을 수 있을 거야."
 "어머, 정말? 역시 헨젤 오빠는 똑똑해!"

그렇지만 헨젤이 떨어뜨려 놨다는 빵 조각은 아무리 찾아도 흔적이 없었다. 아무래도 숲에 사는 새들이 다 쪼아 먹은 듯했다.

"없어! 아무리 찾아도 빵 조각이 없어, 오빠. 이제 우리 어쩌지? 꼼짝없이 마녀한테 잡아먹힐 거야. 우앙!"

그레텔이 울음을 터뜨렸다. 헨젤도 힘이 쏙 빠진 듯 그 자리에 주저앉았다.

"걱정 마. 내가 더 확실한 방법으로 표시를 해 뒀으니까."

나는 헨젤과 그레텔을 향해 씨익 웃었다. 그리고 이리저리 냄새를 맡기 시작했다.

"킁킁. 킁킁킁."

"와리야, 갑자기 뭐해? 왜 냄새를 맡는 거야?"

"후후. 우리 강아지들은 지나온 곳에 쉬야로 표시해 두거든. 쉬야 냄새를 따라가면 금세 길을 찾을 수 있어."

"쉬야면 오줌 말이야? 으윽. 좀 더럽긴 하지만 가 볼까?"

"킁킁! 출발!"

우리는 마침내 과자의 집이 있던 숲을 빠져나와 집으로 향했다. 마녀가 과자의 집에 돌아와 우리가 없어진 걸 보면 얼마나 분해할

까 생각하면 저절로 웃음이 나왔다. 어느새 그레텔은 언제 울었냐는 듯 콧노래를 흥얼흥얼했다. '깔깔깔' 웃는 것도 같았다.

'응? 깔깔깔? 그레텔이 저렇게 웃었던가?'

왠지 불길한 기분이 들어 슬쩍 뒤를 돌아보았다. 아니나 다를까 마녀가 빗자루를 타고 무서운 속도로 우릴 뒤쫓고 있었다. 라푼첼을 가뒀던 쌍둥이 마녀도 뒤에 함께 탄 채였다.

"얘들아, 조심해! 마녀가 우릴 쫓아와! 하나도 아닌 둘씩이나!"

"으악! 마녀다!"

"깔깔깔깔. 감히 우리 몰래 도망을 가?"
"깔깔깔깔. 빗자루야, 더 빨리 날아라!"
"으아아악! 속도가 장난이 아니야!"

우리 셋은 죽을힘을 다해 뛰었다. 하지만 요술 빗자루는 그보다 훨씬 더 빠른 속도로 날아왔다. 마녀들은 어느새 바짝 따라와, 쭈글쭈글한 마녀의 손이 곧 나를 붙잡을 기세였다.

바로 그때였다.

"오른쪽으로 돌아!"
"으아아악!"
"으아아아악!"

갑자기 오른쪽으로 돌라는 헨젤의 말에 우리는 재빨리 몸을 돌렸다. 그런데 뒤에서 엄청난 비명이 들렸다. 우리만 보고 무작정 쫓아오던 마녀가 코 앞에 있던 탑을 미처 보지 못하고 그대로 부딪힌 것이었다. 라푼첼을 가두었던 바로 그 탑이었다. 언니 마녀와 동생 마녀는 요술빗자루에 대롱대롱 매달려 있었다. 그리고 티격태격 말다툼하는 소리가 오랫동안 계속되었다.

"그러게, 언니 안경 좀 바꾸랬잖아. 눈도 안 좋으면서!"

"너는 내가 이 탑 좀 치우라고 몇 번이나 말했니? 빗자루 탈 때마다 거슬린다니까!"

아…… 머리 아파. 과자가 놓인 규칙을 찾느라고 머리를 너무 굴렸나 봐. 헨젤과 그레텔은 마녀들을 따돌리고 무사히 집으로 돌아갔어. 나도 우리 집으로 돌아왔고. 그나저나 난 과자의 집에서 막대 사탕 하나밖에 못 먹었잖아! 으으…… 억울해. 그래도 내일은 이상한 나라 파티에 가기로 했으니까 괜찮아. 임금님이 전에 약속했던 맛있는 음식들을 잔뜩 준비해 놓고 기다리시겠대. 끼야호! 나 혼자 다 먹어야지!

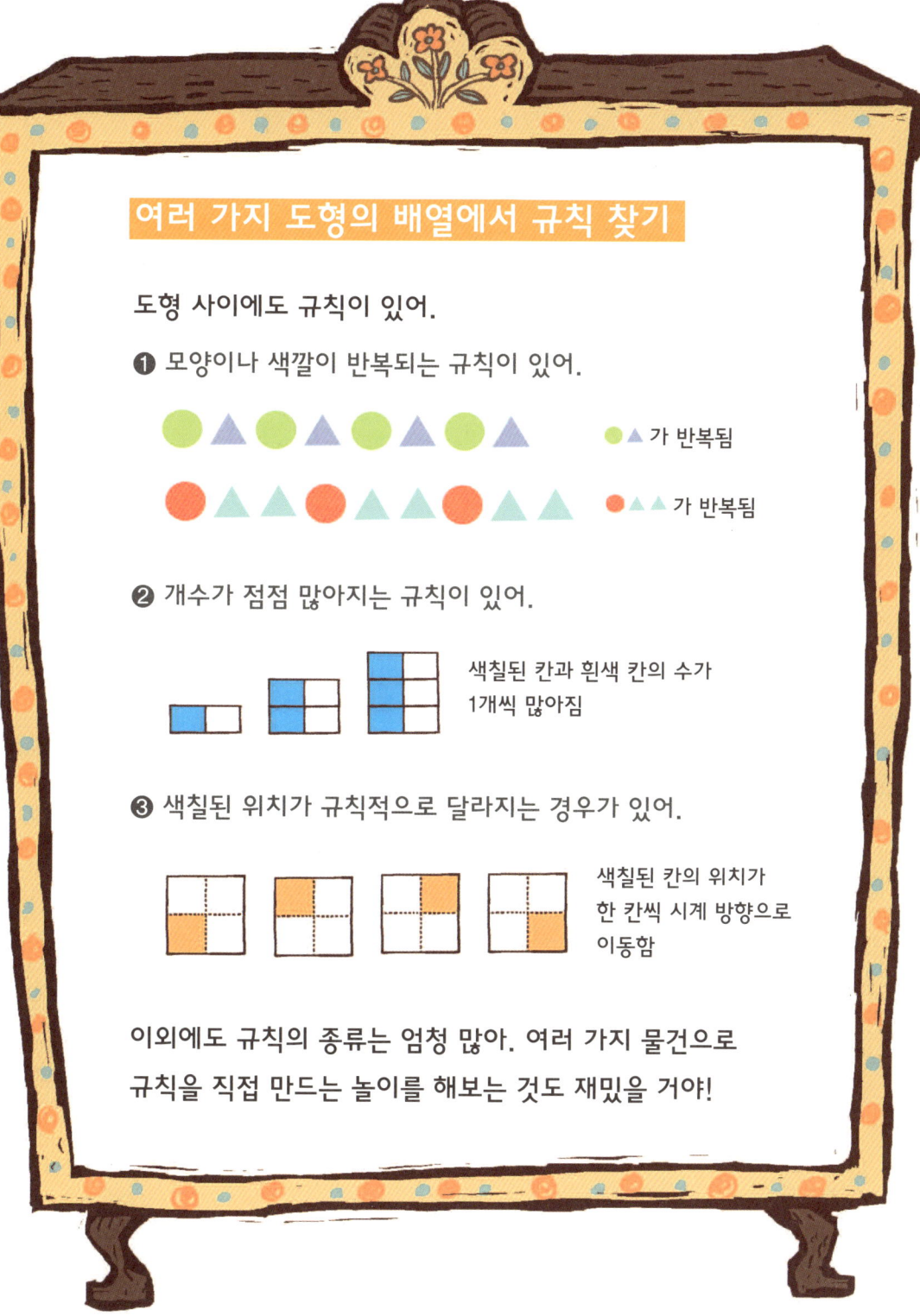

● 책 속 부록 ●

개념이 쏙쏙 들어오는
엄마표 수학놀이

▶ 기발한 놀이와 홈스쿨링으로 블로거들 사이에 소문난 엄마,
중현맘이 추천하는 수학놀이로 개념과 원리를 꼭꼭 다져 주세요.

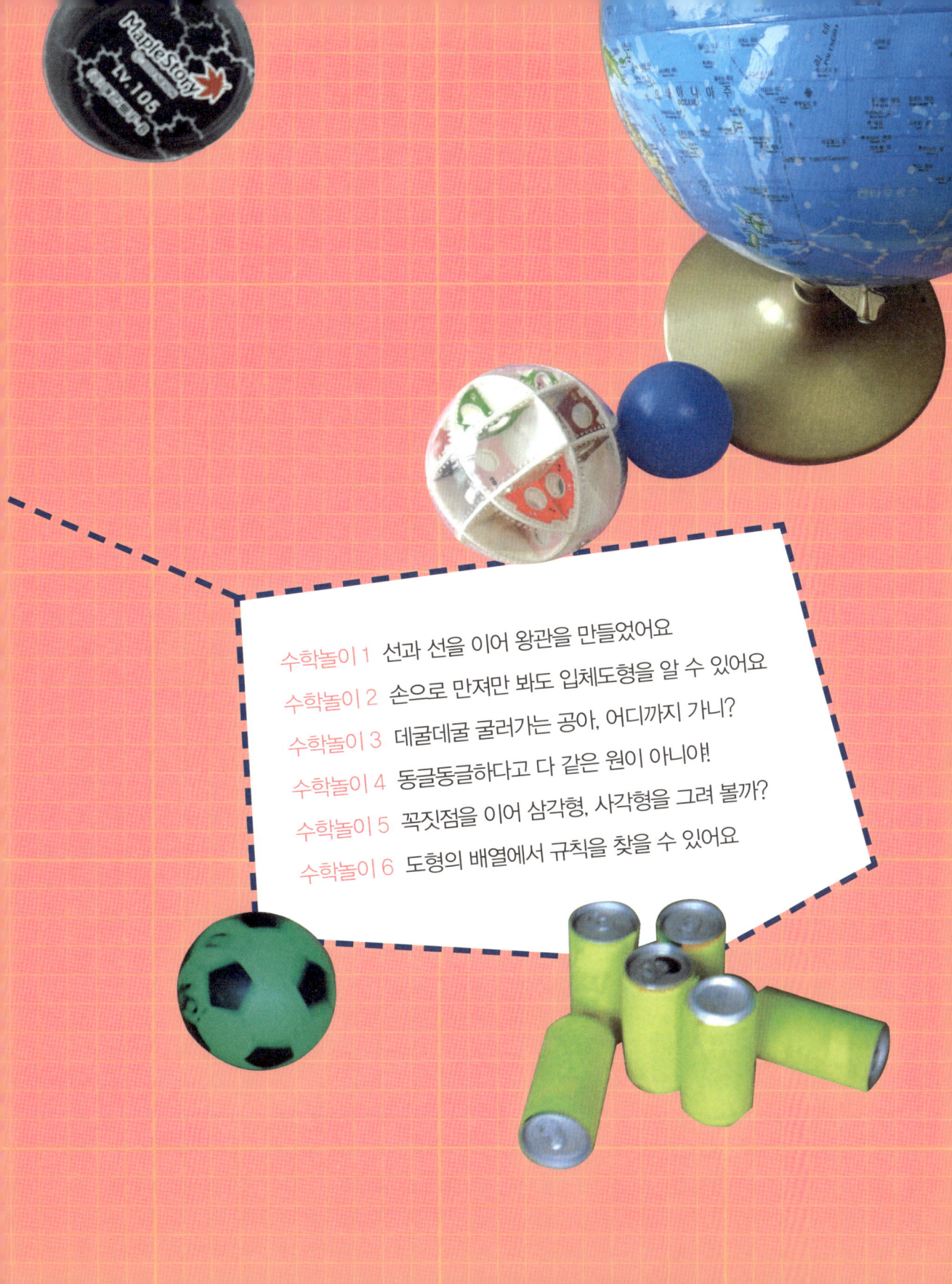

수학놀이 1 선과 선을 이어 왕관을 만들었어요
수학놀이 2 손으로 만져만 봐도 입체도형을 알 수 있어요
수학놀이 3 데굴데굴 굴러가는 공아, 어디까지 가니?
수학놀이 4 동글동글하다고 다 같은 원이 아니야!
수학놀이 5 꼭짓점을 이어 삼각형, 사각형을 그려 볼까?
수학놀이 6 도형의 배열에서 규칙을 찾을 수 있어요

1. 선과 선을 이어 왕관을 만들었어요

놀이의 목표 ▶ 점, 선, 면을 이용해 왕관을 만드는 놀이를 통해 점과 점이 만나 선이 되고, 선과 선이 만나 면이 된다는 것을 이해하기

놀이 준비물 ▶ 종이 또는 부직포, 비닐, 자, 가위, 펜

활동 ❶
곧은 선과 굽은 선으로 왕관 만들기

"중현아, 중현이가 왕자님 놀이 하자고 했잖아. 왕자님 놀이 하려면 뭐가 필요할까?"

"왕관부터 만들어야죠."

"뭘로 만들지? 종이로 할까? 종이는 너무 약한가?"

"엄마, 저기 있는 부직포는 어때요?"

"그래. 종이보다 조금 더 튼튼한 부직포로 해 보자."

"왕관 만들 재료가 준비 됐으니까 왕관을 그려야겠다. 그치? 중현아 이건 점이야. 점이랑 점을 이으면 선이 되지? 선에는 곧은 선과 굽은 선이 있는데 중현이가 여기에 어떤 선으로든 왕관이 되게 그려 봐. 엄마가 점을 찍어 줄 테니까 점이랑 점을 이으면 진짜 선이 되는지 확인해 보고."

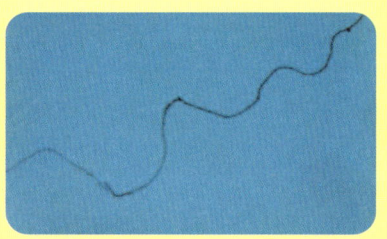

"엄마, 점과 점을 이으니까 진짜로 선이 되

없어요. 왕관의 아랫부분은 굽은 선으로 꼬불꼬불하게 그리고, 윗부분은 곧은 선으로 뾰족한 산처럼 만들 거예요. 보세요."

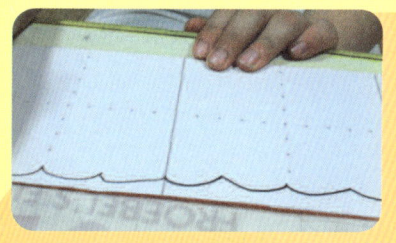

"점과 점을 이어서 선을 그린 후에 그 선을 따라 오리니까 참 쉽네. 선과 선이 만나서 면도 되고 말이야."

"엄마, 점, 선, 면으로 만든 중현이만의 왕관이 완성됐어요. 어때요?"

"모양이 조금 특이하긴 하지만 중현이가 직접 만든 거라서 그런지 귀여워."

"와, 중현이가 그린 선분과 곡선대로 오리니까 커다란 손수건 같기도 하고 앞치마 같기도 한 부직포 조각이 되었다."

"엄마, 주황색 부직포로 왕관을 꾸며 볼까요? 엄마도 도와 주세요."

"그래. 중현이가 왕관 만드는 걸 보니까, 엄마도 앞치마 만들고 싶다. 도와 줄 거지?"

"예 엄마. 일단 왕관부터 마무리하고요."

활동 ❷
도형을 이용해 앞치마 만들기

"아까 엄마가 말한 대로 앞치마도 만들어 봐요."

"그래. 엄마는 비닐에다가 동그라미, 세모, 네모로 꾸미고 싶은데 같이 하자, 중현아."

"엄마 정말 예쁜 앞치마가 되었어요. 점과 점을 이으면 선분이나 곡선이 되고, 선과 선을 이으면 면이 되잖아요. 그렇게 그리면 못 만들 게 없겠어요."

"그래. 그렇겠다."

2. 손으로 만져만 봐도 입체도형을 알 수 있어요

놀이의 목표 ▶ 집에 있는 물건들을 모양에 따라 분류하고, 손으로 직접 만져 보고 맞히는 놀이를 통해 각 입체도형의 특징을 이해하기

놀이 준비물 ▶ 집에 있는 물건들, 바구니, 수건 등의 천

활동 ❶
집에 있는 물건들을 공 모양, 둥근기둥 모양, 상자 모양으로 분류하기

"엄마, 책에 입체도형이라는 말이 나와요. 입체도형이 뭐예요?"

"음, 입체도형은 공간이 있는 도형이라고 생각하면 쉬워. 집에 있는 물건들을 모아 보면 입체도형이 뭔지 잘 알 수 있겠다. 그치?"

"네. 우리의 놀이는 항상 집 안의 물건 찾아오기로 시작되는 것 같아요. 하하!"

"여기요, 엄마. 책에 공 모양과 상자 모양 그리고 둥근기둥 모양이 나왔어요. 제가 가져온 걸 보니 둥근기둥 모양이 제일 많은 것 같아요."

"어디 보자. 그럼 중현이가 가져온 물건들을 모양별로 갈라 봐야겠다. 중현이도 같이 해."

"다 되었으면 우선 공 모양부터 보자. 중현아, 구슬과 딱지는 어떻게 다를까?"

"음, 구슬은 데구루루 굴러가는데 딱지는 바닥에 딱 붙어 있어요."

공 모양   공 모양이 아닌 것

"그래 맞아. 그러니까 딱지는 공 모양이 아니네."

"아, 공 모양은 공처럼 데구루루 굴러야 하는 거군요. 알았어요. 엄마."

"이번엔 둥근기둥 모양을 보자. 중현아, 어떤 걸 둥근기둥 모양이라고 생각하고 가져왔어?"

"책에서 옆은 둥글고 위아래가 평평하게 생긴 것을 둥근기둥 모양이라고 약속했어요. 그래서 비슷한 모양은 다 가져왔어요."

"그럼 옆이 둥글지 않거나 위아래가 평평하지 않은 것은 둥근기둥 모양이 아니겠네. 잘 살펴보고 아닌 것들을 골라내 봐."

둥근기둥 모양   둥근기둥 모양이 아닌 것

"다 했어? 그런데 둥근기둥 모양이 아닌 게 훨씬 많네."

"맞아요. 머그컵에는 손잡이가 달렸고, 종이컵은 아래보다 위쪽이 더 넓어요. 음료수 병은 옆이 들쑥날쑥하게 둥글어서 둥근기둥 모양이라고 할 수 없겠는데요. 진짜 둥근기둥 모양은 겨우 세 개뿐이네요. 대충 보면 안 되겠어요."

"그래, 지금부터 자세히 살펴보고 정확하게 알면 되지 뭐."

"이번엔 말 그대로 상자처럼 생긴 상자 모양이네. 비교적 잘 찾아왔는데 상자 모양은 여섯 면이 모두 네모 모양의 평평한 면이어야 해. 이 검은 상자처럼 말이야."

"좋아요. 빨리 시작해요, 엄마."

상자 모양이 아닌 것   상자 모양

"바구니에 여러 가지 물건을 넣고 천으로 덮을 거야. 중현이가 손으로 만져 보고 정확하게 말해 줘."

"엄마 이제 알겠어요. 스탬프는 여섯 면이 똑같은 모양이 아니니까 상자 모양이 아니네요. 다음엔 틀리지 않을 자신 있어요."

"하하! 엄마 이건 공 모양이죠? 손으로 만지니까 모양이 더 자세히 느껴져요. 공 모양, 둥근기둥 모양, 상자 모양도 더 정확히 알 수 있겠어요!"

활동 ❷
손으로 만져서 입체도형 알아맞히기

"공 모양, 둥근기둥 모양, 상자 모양에 대해 자세히 알았으니까 손으로 만져서 알아맞히는 퀴즈대회 할까?"

3. 데굴데굴 굴러가는 공아, 어디까지 가니?

놀이의 목표 ▶ 공 모양, 상자 모양, 둥근기둥 모양을 미끄럼틀에 태워 보는 놀이를 통해 입체도형의 특징 알기

놀이 준비물 ▶ 빈 음료수 캔(6개 정도), 계단을 만들 상자, 50cm 자, 공, 의자

활동 ❶
미끄럼틀에 입체도형 태우기

"중현아, 우리 안 보고 공 모양이랑 상자 모양, 둥근기둥 모양 찾기 놀이 했었지? 이제 어떤 모양이든 구별할 수 있겠어?"

"예, 엄마. 손으로 만지면서 찾았더니 아직도 그 느낌이 생생해요."

"오늘은 공 모양이랑 상자 모양, 둥근기둥 모양을 미끄럼틀 태워 주려는데, 어때?"

"어? 그럼 미끄럼틀을 만들어야겠네요. 우리 기다란 자를 의자에 걸쳐서 미끄럼틀 만들어요, 엄마."

"우선 공부터 태워 볼까나? 공이 어떻게 굴러갈지는 눈치 챘지? 데굴데굴, 데굴데굴."

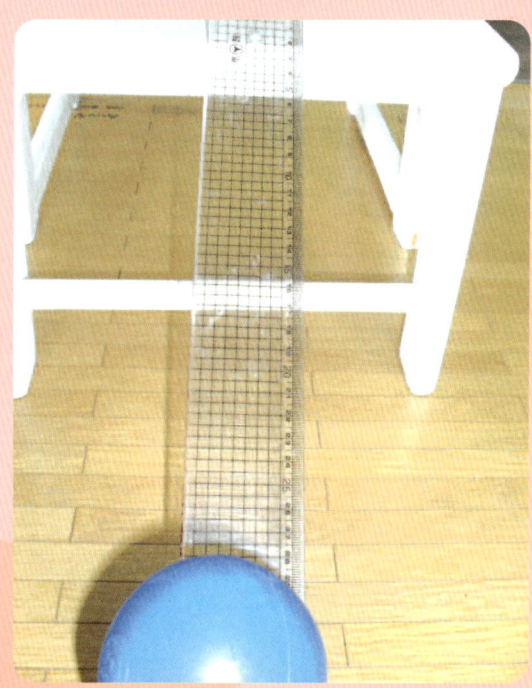

"엄마, 공 좀 잡아 주세요. 그래서 구슬 같은 건 상자에 넣어 둬야 돼요. 안 그럼 하루 종일 데굴데굴 굴러다닐걸요."

"다음은 어떤 모양을 미끄럼 태울까? 중현이가 태워 주렴."

"전 상자 모양이요. 이쪽으로 와라, 상자 모양아!"

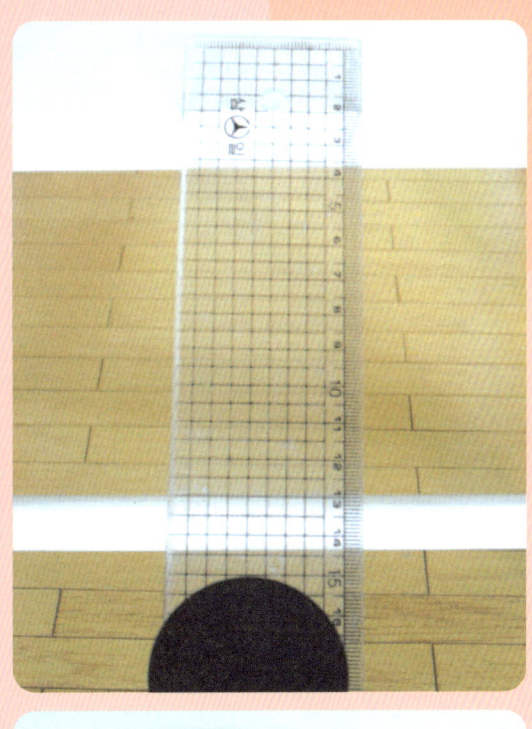

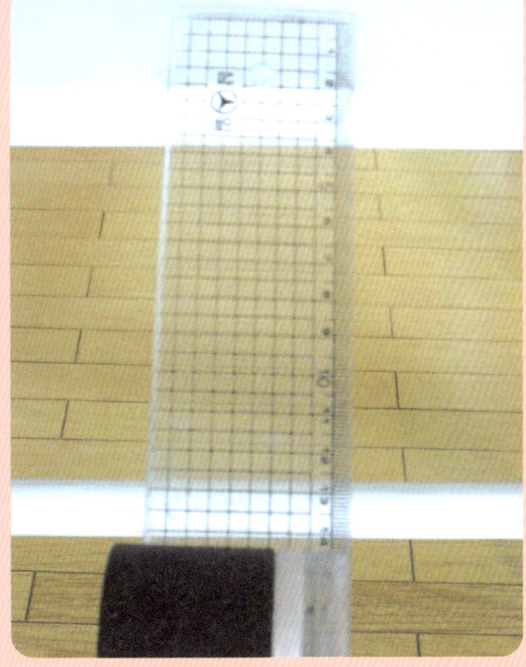

"엄마, 상자 모양은 내가 미끄럼틀 타는 거랑 비슷해요. 그냥 아래로 쭉 미끄러져요."

"진짜 그러네. 둥근기둥 모양은 엄마가 굴려 볼게. 둥근기둥 모양은 평평한 쪽으로 굴리면 상자 모양처럼 쭉 미끄러지고, 둥근 쪽으로 굴리면 데굴데굴 굴러가는걸. 참 매력 있다. 공 모양이랑 상자 모양 두 가지의 특징을 다 가졌네."

활동 ❷
입체도형을 활용한 볼링 대결

"엄마! 우리 볼링할까요? 미끄럼틀 위에서 공을 굴려서 아래에 있는 볼링핀을 맞히는 거예요."

"그래 그러자. 볼링공이랑 볼링핀은 무엇으로 할까?"

"공 모양이 잘 굴러 가니까 볼링공이 되고요, 둥근기둥 모양은 볼링핀, 그리고 미끄럼틀을 받쳐 주는 계단으로 상자 모양을 사용하는 게 어때요?"

"그래, 그렇게 해보자. 중현이 한 번, 엄마 한 번 하는 거야. 가위바위보로 정할까? 엄마가 졌네. 중현이부터 미끄럼틀 위에서 공을 굴려 주세요."

"옛, 전 겨우 두 개예요. 엄마도 하세요."

"중현아, 다섯 번 할 동안 엄마는 6개 쓰러뜨

렸는데 중현이는 10개나 쓰러뜨렸네. 중현이의 승리야. 잘했어."

"이번엔 볼링핀을 상자들로 해볼까요? 볼링공은 둥근기둥 모양으로 하고요."

"그런데 상자 모양은 잘 안 쓰러질 것 같아. 어때? 하나도 안 쓰러졌어? 이런. 상자 모양은 너무 재미없는데."

"그러게요. 상자 모양 볼링핀은 점수가 안 나와서 사람들 혈압 올라 쓰러지겠어요. 그죠?"

"하하하! 아마도 그렇겠지?"

"공 모양이랑 둥근기둥 모양 그리고 상자 모양의 특징을 이용해 볼링놀이를 하니 정말 재밌어요. 다음에 또 어떤 놀이를 할지 기대되는걸요."

"나도 그렇단다. 중현아."

4. 동글동글하다고 다 같은 원이 아니야!

놀이의 목표 ▶ 여러 가지 방법으로 원을 직접 그려 보는 놀이를 통해 원에 대해 이해하기
놀이 준비물 ▶ 원을 그릴 수 있는 물건들(냄비 뚜껑, 밥그릇, 컵 등), 할핀, 펜, 지난 달력, 컴퍼스, 연필, 가위

활동 ❶
여러 가지 방법으로 원 그리기

"중현아, 혹시 둥근 모양과 원이 어떻게 다른 줄 알아?"

"둥근 모양이 원 아니에요? 아닌가?"

"원은 단순한 둥근 모양이 아니야. 잘 생각해 봐. 중현이도 책에서 읽었을 거야. 아마."

"아, 생각났어요. 원은 원의 중심에서 둘레까지의 길이가 모두 똑같다고 했어요."

"잘 생각했네. 그럼 중현이가 원을 그리고 싶으면 어떡하지? 원의 중심에서 똑같은 거리에 있는 점들을 일일이 연결하는 건 쉽지 않을 텐데."

"뭘 걱정하세요, 엄마. 원 모양 물건을 대고 그리면 되죠. 안 그래요?"

"그래, 그것도 좋은 방법이다. 또 기다란 종이를 이용해서 그릴 수도 있고, 컴퍼스라는 도구로 그릴 수도 있어. 말 나온 김에 우리 원을 그려 볼까."

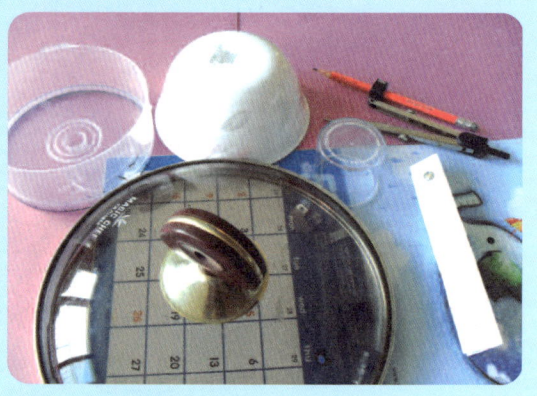

"엄마, 전 대고 그리는 게 자신 있어요. 크기별로 가져왔으니까 다 그려 볼게요."

"다 그렸어? 이번엔 엄마 방법으로 원을 그려 볼래? 할핀으로 달력 종이를 고정시켜. 이게

원의 중심이 될 거야. 그리고 원의 중심에서 5cm, 10cm 되는 곳에 구멍을 뚫고 빙빙 돌려서 원을 그리는 거야."

"펜을 끼울 구멍에 몇 센티미터인지 표시해 두면 나중에 반지름 길이랑 지름의 길이를 금방 알 수 있겠다. 지름은 원의 중심을 지나는 선분이고, 반지름은 지름의 반이니까."

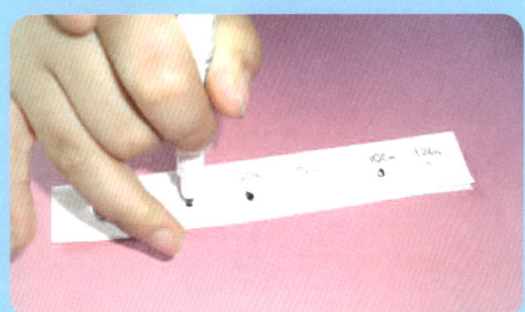

"엄마, 이것도 재밌어요."

"어때, 간단하지? 이렇게 하면 원의 중심에서 둘레까지 이르는 길이가 다 같겠지?"

"다른 길이로도 몇 개 더 그려 볼게요."

"엄마, 이거 꼭 과녁 같죠? 이따가 벽에 붙이고 과녁 맞히기 놀이해요."

"그러자. 아까 말했던 컴퍼스도 써 볼까? 뾰족

한 부분을 바닥에 고정하고 연필 끼운 부분을 돌려가며 원을 그리는 거지. 할 수 있겠어?"

것 같은데 엄마 생각은 어때요?"
"글쎄다. 그럼 중현이가 던져 볼래?"

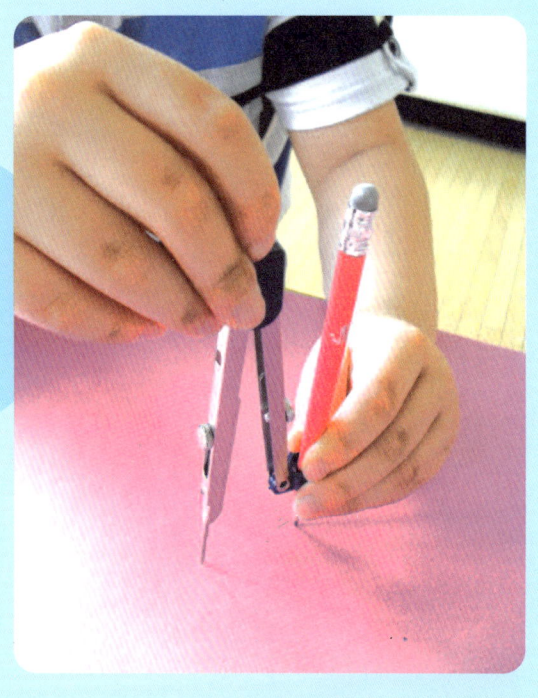

"엄마, 생각보다 잘 안 돼요. 연습 좀 해야 겠어요. 달력 종이에 구멍 뚫어서 빙빙 돌리는 방법이 훨씬 쉬워요."

"지금은 그래도 익숙해지면 컴퍼스도 잘 쓸 수 있을 거야."

활동 ❷
원반던지기 놀이

"엄마, 이 원들로 뭐하고 놀까요? 원반던지기해 봐요. 아무래도 큰 원이 멀리 나갈

"생각대로 잘 날아가지는 않네요. 또 원의 크기랑 멀리 날아가는 거랑은 상관이 없나 봐요."

"정말 그렇다. 작은 원이 큰 원보다 더 멀리 날아간 것도 있네. 중현이를 이제부터 '원 도사'라고 불러야겠다. 원도 잘 그리고, 원반던지기도 잘하니까. 원 도사님, 엄마 물 한 잔 부탁해요."

"엄마도 참."

• 기타 활동

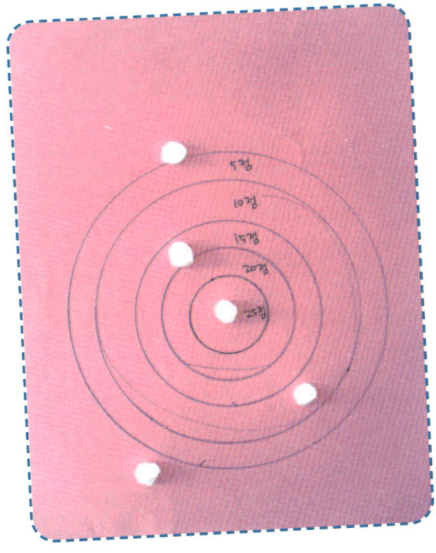

원을 그려 만든 과녁에 점토 붙이기 놀이를 해보세요.

원 모양 액자를 만들어 보세요.

5. 꼭짓점을 이어 삼각형, 사각형을 그려 볼까?

놀이의 목표 ▶ 점을 이어서 더 많은 삼각형과 사각형을 그리는 놀이를 통해 삼각형과 사각형의 특징을 알기

놀이 준비물 ▶ 종이, 색깔이 다른 펜, 자, 색연필

활동 ❶
종이끈 세 개로 삼각형 만들기

"중현아, 세모가 무슨 뜻이게?"

"엄마가 전에 세모는 모서리가 세 개라서 세모이고요, 삼각형은 각이 세 개라는 뜻이라고 생각하면 오래 기억한댔잖아요. 또 네모는 모서리가 네 개, 사각형은 각이 네 개라는 뜻이라고요."

"맞아, 맞아. 그렇게 연상해서 기억하면 오래 가지. 그럼 이제 삼각형 그리기 할 건데 잘할 수 있겠다."

"물론이죠. 맡겨만 주십시오."

"그전에 중현아, 엄마가 주는 끈으로 삼각형을 만들어 봐."

"엄마, 이 빨간 끈은 이상해요. 삼각형을 만들 수가 없어요. 주황색 끈은 삼각형이 되었는데 말이에요."

"그렇지? 선분 세 개만 있으면 무조건 삼각형이 될 줄 알았는데 아니네. 선분 두 개 길이의 합이 나머지 한 선분보다 길어야 삼각형이 된대."

"그렇군요. 직접 만들어 보니까 확실히 알겠어요."

활동 ❷
삼각형 더 많이 만들기 대결

"이제 엄마가 어릴 때 많이 하던 점 잇기 놀이 할 건데 중현이도 재밌을 거야. 빈 종이에 점을 막 찍은 다음에 세 점을 이어서 삼각형을 누가 많이 만드나 하는 시합이야. 삼각형은 꼭짓점과 변이 세 개씩이잖아. 어때? 자신 있어?"

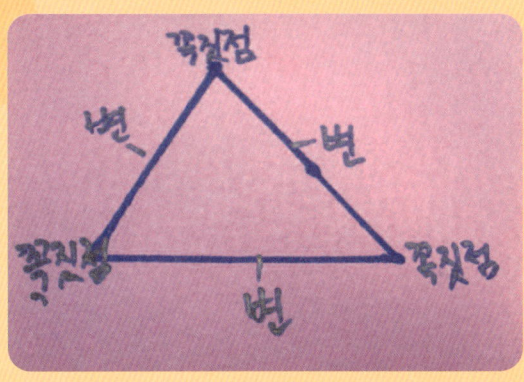

"물론이에요. 가위바위보 이긴 사람이 먼저 해요. 한 사람씩 번갈아 선을 그리고 삼각형을 완성하는 사람이 자기 것이라는 표시를 하는 거죠?"

"오우, 잘 아네. 자, 가위! 바위! 보!"

"제가 이겼으니까 먼저 할게요. 그리고 내 삼각형에는 동그라미 표시를 할 거예요."

"그럼 엄마는 ×로 표시할게."

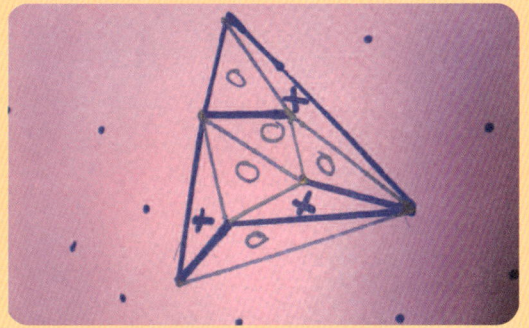

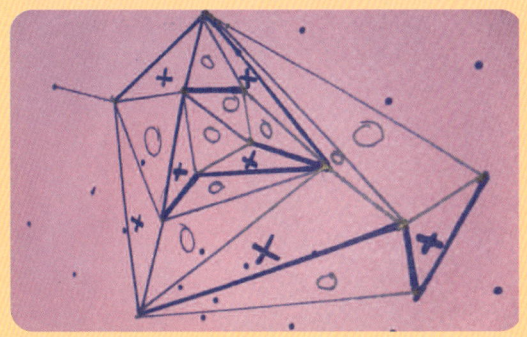

"어느덧 삼각형이 많아졌는걸. ×표가 잘 안 보인다. 엄마 삼각형에 색칠해야겠어. 중현이도 칠할래?"

"엄마가 칠하면 상대적으로 제 건 잘 보일 거예요. 그러니까 안 칠해도 돼요."

"사각형은 꼭짓점과 변이 네 개인 도형이니까 점 네 개를 이어서 그리면 되겠다."

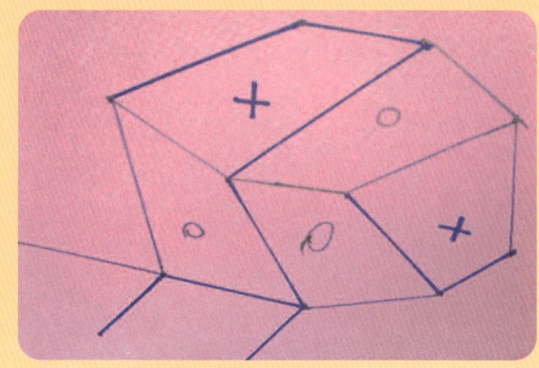

"엄마는 16개 그렸고, 중현이는 18개 그렸어요. 그러므로 중현이의 승리입니다!"

활동 ❸
사각형 더 많이 만들기 대결

"축하해, 잘했어. 이번엔 사각형 그리기 해 볼까?"

"좋아요, 엄마."

"엄마, 어때요? 확실히 제가 멀리 내다보고 선을 잇죠? 엄마한테도 기회를 주려고 그러는 거예요."

"중현이의 마음 씀씀이가 고맙구나. 아까 이겼다고 엄마 봐주는 거야?"

"아니 그렇다기보다는…… 그냥. 하하."

"엄마, 이제 사각형의 수를 세어 볼까요?"

"거의 막상막하 같은걸."

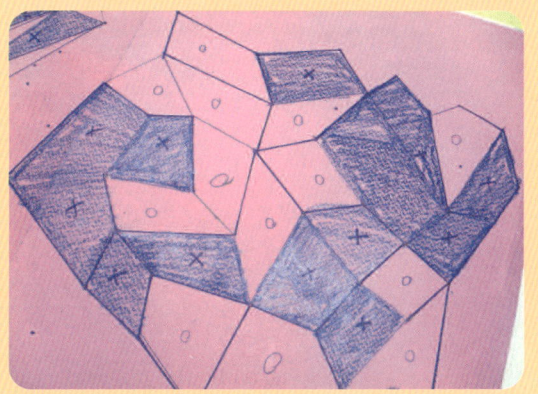

"엄마랑 중현이랑 13개씩 그려서 이번엔 무승부예요. 삼각형과 사각형 그리기 시합을 하니까 그냥 보는 것보다 더 잘 알겠어요."

"그래. 직접 그리니까 도형의 특징과 성질을 확실히 알겠다. 중현이 생각도 그렇지?"

"예, 엄마. 다음에 또 시합해요. 그땐 안 봐드릴 거예요."

• 기타 활동

삼각형 모양 칸엔 삼각형 말을 놓고, 사각형 모양 칸엔 사각형 말을 번갈아 놓으면서 사방치기를 해보세요.

실뜨기를 하면서 삼각형과 사각형의 모양이 어떻게 변하나 관찰해 보세요.

6. 도형의 배열에서 규칙을 찾을 수 있어요

놀이의 목표 ▶ 도형의 배열을 보고 규칙을 찾고, 여러 가지 방법으로 규칙을 만들어 나타내는 놀이를 통해 규칙성을 이해하기

놀이 준비물 ▶ 색깔별 삼각형, 사각형, 원을 그려 오린 것, 가베, 스티커

활동 ❶
규칙 찾기 게임 1단계

"중현아, 패턴놀이 해봤지? 패턴(규칙)은 순서의 의미를 알게 해 주어서 중요하다고 말했었잖아. 나중에 배우는 함수를 이해하는 데 기초가 되기도 하고. 이번엔 도형의 배열에서 규칙 찾는 걸 해보자."

"패턴놀이는 많이 해봐서 자신 있으니까 엄마랑 저랑 번갈아 문제 내고 맞히는 게 어때요?"

"좋아. 먼저 엄마가 몸풀기 문제를 낼게. 중현이는 탐정이 되는 거야. 문제가 곧 단서니까, 단서를 잘 살펴보면 답을 찾을 수 있을 거야."

각형 한 번, 마름모 한 번 오는 거네요. 그러니까 노란 원을 놓고, 마름모를 놓으면 되죠? 어때요, 저 잘하죠?"

"엄마, 너무 쉬워요. 노란 원 사이에 정사

"그래. 잘했어. 이번엔 중현이가 내 봐. 엄마도 잘 맞혀야 할 텐데 긴장된다."

"저도 몸풀기 문제를 낼게요. 보는 순간 알겠죠?"

"조금 전 규칙에 원들의 색만 바꿨네. 노랑, 초록, 흰색 원이 반복된다. 그러니까 다음에 올 것은 마름모와 초록색 원이네."

"맞아요. 다음 문제는 엄마가 내 주세요."

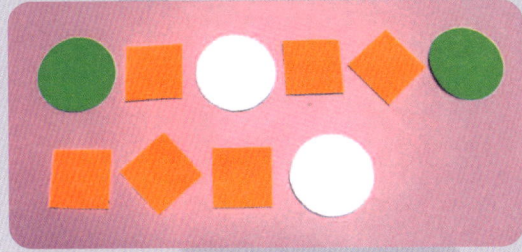

"어, 뭐지? 아하! 원은 초록, 흰색이 하나씩 나오는 규칙이구요. 사각형은 정사각형,

마름모가 번갈아 가면서 하나씩 늘어나는 규칙이네요. 그러니까 다음엔 정사각형이 와야 해요."

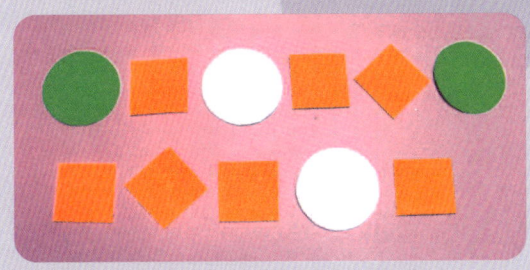

활동 ❷
규칙 찾기 게임 2단계

"오우, 생각보다 규칙을 잘 찾는걸. 다음은 중현이 차례야."

"어? 이건 어떤 규칙이지? 중현아, 힌트 좀 줘."

"힌트는요, 두 가지 규칙을 따로따로 찾아

야 한다는 거예요."

"알았어. 그럼 도형의 모양과 스티커를 따로 생각해 봐야겠구나. 도형은 원, 삼각형, 사각형, 세 가지가 반복되는데, 스티커는 아무리 봐도 이상해 중현아."

"앗, 제가 규칙을 잘못 만들었나 봐요. 다시 할게요. 잠깐만 기다려 주세요."

"그렇지? 뭔가 이상한 거지?"

"엄마, 이제 고쳤어요. 보세요."

"아, 이제 알겠다. 원, 삼각형, 사각형이 차례대로 오는 규칙과 빨간색, 파란색, 초록색, 하늘색 별이 차례대로 오는 규칙이구나. 그럼 다음에 올 것은 하늘색 별이 있는 삼각형이네. 맞지?"

"엄마도 규칙 찾기 여왕이신데요! 다음은 또 엄마 차례예요."

"이 규칙은 뭘까? 좀 어렵나?"

"아니요. 모양이 바뀌는 거잖아요. 삼각형이 시계 방향으로 돌아가는 모양이네요. 다음엔 이렇게 오면 되겠죠."

"맞아. 삼각형을 시계 방향으로 돌려가면서 만든 규칙이야. 어려웠을 텐데 잘 찾았어. 특별히 엄마가 한 문제 더 내도 될까?"

"예, 엄마. 그렇게 하세요. 어떤 문제를 내고 싶어 그러실까요?"

"이건 사각형이 늘어가는 규칙이네요. 일단 앞의 색깔이 다음에서 하나씩 들어가는 건 알겠어요. 그런데 초록색 다음에 어떤 색깔이 와야 한다는 규칙이 없어요."

"중현이 얘기를 듣고 보니 그러네. 그 다음에는 중현이가 좋아하는 색으로 정해서 규칙을 완성해 봐."

"그럼 전 주황색으로 할게요. 이러니까 한 층씩 높아지는 아파트 같아요."

활동 ❸
규칙 찾기 게임 3단계

"엄마, 이번엔 이걸 맞혀 보세요."

"이건 노란색, 초록색, 흰색, 주황색 원이 안에 작은 화살표를 가지고 있는 규칙이네. 그런데 화살표가 시계 방향으로 돌아간다. 재미있게 잘 만들었는걸. 다음은 초록색 원이 오고 그 안의 화살표는 3시쯤에 오면 되겠네."

"맞아요. 엄마."

"엄마의 문제. 중현이가 만든 규칙을 보고 생각한 거야. 중현이는 쉽게 찾겠다."

"음, 하나하나 잘 봐야겠는걸요. 원 따로, 사각형 따로. 그 안의 화살표를 따로 보면 좀 쉬울까요? 해볼게요."

"엄마가 생각하기에 수학은 결국 논리적 사고력이 있어야 잘할 수 있는 것 같아. 그런 점에서 규칙 찾기 놀이가 중요한데 어려워하지 않고 정말 잘했어. 중현아."

"엄마 덕분에 진짜 탐정이 된 기분으로 재밌게 한걸요. 고마워요. 엄마."

"엄마, 찾았어요. 노란 원, 하얀 원, 초록 원이 하나씩 순서대로 오고, 그 사이에 마름모, 정사각형이 반복돼요. 마지막으로 그 안의 화살표가 시계 방향으로 돌고 있어요. 그러니까 다음에는 이렇게 돼요."

▌ 이제 직접 수학놀이를 해 보세요.
엄마와 함께 놀면서 수학을 접하면
수학이 더욱 재밌어진답니다.